Consigue tus Sueños

Antonio Galvan

Título: Consigue tus sueños.

2ª Edición 2018.

© 2015, Antonio Galvan

Edición: Sergio Román Blanca

Diseño de cubierta: Angie Ayala

Todos los derechos reservados.

ISBN-10: 1986336808

ISBN-13: 978-1986336802

Dedicado con todo mi amor a mi mujer.

Caroline, eres lo mejor que me ha sucedido

en la vida.

Al igual que ocurre con las cuatro estaciones,

Mi amor por ti podrá mostrarse diferente,

Mas en esencia siempre será el mismo.

Agradecimientos

Me gustaría dar las gracias a mis padres, María Dolores y Diego, por mostrarme su apoyo y amor incondicional en todo momento y, además, por darme la oportunidad de elegir mi camino y respetar siempre mis decisiones.

A mi amigo y editor Sergio Román Blanca, cuyos comentarios, anotaciones y sugerencias, tanto como su revisión ortográfica, sin duda consiguieron mejorar sustancialmente la versión original de este libro.

A mi amigo Andrés Román Blanca, por ofrecerme su ayuda sincera cuando mi vida atravesaba un momento de gran dificultad. A mis queridos amigos Elisa Bravo y José Seguiri, por su cariño y por servirme como referencia en cuanto a calidad humana. A mi buen amigo José Diego Santiago Campos, quien siempre creyó en mí y me transmitió un enorme cariño, además de suponerme una gran ayuda en mi último año de universidad. A mi amigo Luis Plaza, por su gran apoyo y ánimo.

A mis queridas hermanas, María Dolores y Sara Galván, quienes ocupan un lugar especial en mi corazón.

Finalmente, agradecer a mi querida mujer por el apoyo diario que me brinda, y por asegurarse de que nunca me falta lo más valioso de esta vida: el amor.

Nota a la Segunda Edición

Desde que publiqué la primera edición (septiembre de 2015) han pasado dos años y medio. Como suele decirse: ha llovido mucho desde entonces.

Cuando decidí escribir este libro tenía en mente ayudar a las personas a creer en sí mismas y a desarrollar la confianza necesaria para aventurarse a perseguir sus sueños. Lo que en principio me motivó a ponerme manos a la obra, pronto dejó paso a un mar de dudas: ¿Seré capaz de escribir un libro?, ¿me las arreglaré para perseverar de principio a fin? ¿Y si no puedo publicarlo?, ¿y si no gusta?, ¿y si me quedo sin ideas a medio camino?

La dura realidad no tardó en golpearme de lleno y hacerme saber que no sería fácil. Sentarse delante de un "documento Word" en blanco con la idea de escribir todo un libro puede resultar muy duro, tanto más cuando es la primera vez que lo haces. Para mí resultó ser una buena cura de humildad. De hecho, este proyecto me hizo explorar rincones profundos de mi persona que me eran desconocidos. Pronto me di cuenta de que el mayor obstáculo del camino sería yo mismo.

Sin embargo, pensar en aquellas personas a las que quería ayudar me dio la entereza necesaria para enfrentarme con éxito a mis debilidades y miedos, y para seguir adelante y no abandonar hasta el final. En mi mente, muchas personas estaban esperando leer mis palabras, de modo que tenía que dar lo mejor de mí mismo. Y lo hice.

Pero uno trata de seguir avanzando y creciendo a nivel personal, de modo que lo que en su día me pareció bien hecho, ya no me lo parecía tanto. Mucho menos tras el año que pasé viviendo en Estados Unidos, donde aprendí tantísimo. Además, el hecho de continuar vendiendo libros (¡muchos más de los que jamás podía haber imaginado!) siendo consciente de que el libro podía mejorarse, me hacía sentir incómodo. Esto me incitó a desarrollar una 2ª edición mejorada, ya que mis lectores se merecen un libro mejor.

Durante mi estancia en Cambridge (Massachusetts), mi mujer estuvo haciendo un MBA en Harvard y yo, desde el principio, decidí leer todos los libros que ella tuviese que leer para sus cursos, además de asistir como oyente a algunas clases. Estando motivado y con ganas de aprender, un año da mucho de sí, tanto más viviendo en semejante centro intelectual. Mi mujer y yo fuimos juntos a un sinfín de conferencias y eventos de todo tipo. Además, estando allí me dediqué a editar la versión en inglés (ya traducida) de mi libro, para que se leyese lo más parecido a la versión en español, pero incluyendo un gran número de mejoras. Una vez terminado, tuve el privilegio de que una editora (¡licenciada de Harvard!) editase nuevamente el libro. ¡Me faltan palabras para expresar cuánto aprendí con ella sobre el trabajo de edición! En su conjunto, mi experiencia en USA fue realmente enriquecedora en todos los sentidos. Por eso, espero que todo lo aprendido se vea reflejado en ésta 2ª edición, en la cual he tratado de corregir cuantos errores me ha sido posible encontrar, así como mejorar la versión original todo lo que he podido, dentro de los confines del trabajo de edición (es decir, ¡sin escribir un libro nuevo!).

Para terminar, me gustaría dar las gracias a todas las personas que, bien confiando en mí, o bien queriendo apoyarme, decidieron comprar mi libro. Gracias a vosotros, gracias a vuestro apoyo me di cuenta de que tal vez debía dedicarme solamente a escribir. Mi voz interior me dice que sí, que siga adelante; mi corazón, también. De modo que, antes o después, mi segundo libro estará listo. ¡No pasará un día sin que piense en todos vosotros, sin que os imagine esperándolo! Hasta entonces, espero que disfrutéis leyendo el presente y, como no podía ser menos, dejadme añadir que, ¡ojalá os ayude a conseguir vuestros sueños!

Londres, 5 de Abril de 2018.

Índice

Introducción

Estamos vivos. Sin haberlo pedido, nos encontramos en el mundo, tenemos una vida que va sucediendo día tras día sin que nosotros podamos detener el tiempo. Sin embargo, muchas personas jamás se han planteado qué hacen aquí, en el mundo, o por qué están aquí. A mí me gusta decirles lo siguiente:

"Imagina que mañana te despiertas en un sitio inesperado. Imagina que, de repente, abres tus ojos y te encuentras rodeado de extraños, tumbado en una cama que no te es familiar, en una habitación que desconoces... ¿Qué sería lo primero que pensarías?, ¿qué se pasaría por tu cabeza? Lo más normal es que pensaras: *"¿Qué hago aquí?, ¿por qué estoy aquí?*[1]". Pues bien, esto mismo que he descrito ya te ha ocurrido. Sin embargo, eras demasiado pequeño como para plantearte estas preguntas. Pero ahora no".

Por eso, pienso que es normal plantearse o haberse planteado cuestiones semejantes en algún momento de nuestra vida. Yo también lo hice. Y después de pensar mucho sobre ello, llegué a la siguiente conclusión:

"Tal vez haya personas que recuerden sus vidas pasadas (yo no estoy entre ellas). Quizá haya vidas futuras (no lo sé). Puede que el cielo exista y que solamente dé cabida a las buenas personas cuando abandonan este mundo; puede que así sea. Pero hay algo que es seguro, algo de lo que no dudo y sobre lo que no tengo que pensar: esta vida sí existe, esta vida que tengo sí es real, esta vida me pertenece. Ni sé de dónde vengo ni adónde voy, pero sí

---

[1] A lo largo del libro, el texto *"en cursivas y entrecomillado"* representa pensamientos.

sé que ahora mismo, existo. Y si yo existo, mi vida también, luego ¡he de aprovecharla al máximo!".

Y estando convencido de que tenía que aprovechar mi tiempo al máximo, me asusté al pensar lo siguiente:

"Si sólo tengo esta vida, ¿qué pasa si no la aprovecho? ¿Y si no llego a hacer todo lo que quería hacer?, ¿y si no consigo todo cuanto quería conseguir?".

Y, de repente, mientras me hacía este tipo de preguntas, mi miedo se acentuó al pensar:

"¿Y si no vivo la vida que quería vivir? ¿Qué pasaría si me veo en mi lecho de muerte y siento que no he vivido como quería?, ¿y si deseo fervientemente poder volver atrás y empezar de nuevo?".

Por alguna razón, después de mantener este *diálogo interior* conmigo mismo, fui por primera vez consciente de que ésta es la única vida que tenía y que, o bien hacía todo cuanto estuviese a mi alcance para vivirla como yo quería, o bien un día tal vez me vería angustiado pensando que mi vida había llegado a su fin y no la había aprovechado. Me di cuenta de que, tal vez, un día tendría que aceptar que me había limitado a mirar hacia otro lado y no había atendido a esa vocecilla interior que me decía que mi vida no le gustaba, que la cambiase, que no tenía por qué ser así. Desde entonces, decidí ser el "director" de mi vida; me dije: *"Ya está bien de seguir a otros; a partir de ahora, sólo seguiré los dictados de mi corazón".*

Pero tú no tienes que hacer lo mismo que yo. Ésta es una decisión muy personal. Sé que para autores como yo es fácil incitar a las personas a tratar de conseguir sus sueños, ya que no tendremos que enfrentarnos a las consecuencias que un posible fracaso pueda acarrear. Aunque esto es cierto, no lo es menos que tampoco disfrutaré un posible éxito. En mi caso, siempre he preferido ver la botella medio llena. Además, ¿acaso la alternativa no es aún peor?, es decir, renunciar a perseguir nuestros sueños por miedo a fracasar es la forma más segura de encontrarnos con nuestros temores, ya que ignorar lo que nos dicta nuestro corazón es, en mi opinión, el camino más seguro hacia el fracaso. Además, un fracaso del que sólo nos quedará lamentarnos.

Vivir toda la vida con una sensación de anhelo en nuestro corazón, que continuamente esté recordándonos lo que nos gustaría haber hecho pero nunca nos atrevimos a hacer, es muy duro. Prefiero vivir enfrentándome a mis miedos. Prefiero vivir sabiendo que con seguridad fracasaré en mi intento una y otra vez, pero que, al final, terminaré por conseguir aquello que me propuse.

Sea lo que sea que decidas hacer, recuerda que en tu vida siempre habrá obstáculos y problemas; la diferencia radica en que, teniendo un propósito, todos tenemos más fuerza para superarlos.

Si tras leer estas palabras tu corazón late con más fuerza, quizá debas continuar leyendo. Quizá te anime a que, antes o después, ¡consigas aquello que te propongas!

PARTE I

LA MENTE

1. Controlando tu pensamiento

Todas las personas mantenemos diálogos con nosotros mismos parecidos a los que he descrito en la introducción de este libro. Cada uno de nosotros les da su toque personal. En muchas ocasiones ocurre que no tenemos que decírnoslo todo. A veces basta con unas pocas palabras para decirnos mucho, a veces es un simple "impulso" el que nos habla, o una imagen que llega a nuestra conciencia. Sea como sea, todos mantenemos este tipo de comunicación con nosotros mismos (en nuestra mente). En psicología, a estos diálogos se los denomina *charla interna* o *autocharla*.

La charla interna puede ser positiva, neutra o negativa. La charla interna positiva puede motivarnos, ser como nuestro propio *coach* y darnos ese empujoncito que a veces todos necesitamos. Puede instigarnos a realizar una actividad, a comunicar algo… es decir, nos hace crecer e ir a más. Por el contrario, la charla interna negativa nos desmotiva, nos inmoviliza, nos torna pesimistas, nos hace abandonar aquello que hemos comenzado a poco que la tarea presente dificultad. En definitiva, impide nuestro crecimiento, nos limita. Una autocharla positiva nos hará llegar más lejos que una negativa, ya que la primera nos hará encontrar un *sí puedo* en nuestras mentes, mientras que la segunda nos hará escuchar un *no puedo*.

Si te paras a pensarlo, todo cuanto has hecho en tu vida voluntariamente ha comenzado primero siendo una idea en tu mente. Una idea que, en ese momento inicial en que llegó a tu conciencia, te pareció acertada. En algún lugar de tu mente había un *sí puedo* que te alentaba a seguir hacia delante. Luego mantuviste dicha idea en tu mente el tiempo suficiente como para que llegases a ponerte manos a la obra y, al final, lo que al principio era una simple idea o intención terminó por convertirse en realidad.

¡Piénsalo!

Incluso en aquellas ocasiones en que te dejaste llevar por las circunstancias, también existió una idea en tu mente diciéndote algo como:

"Deja que la situación se vaya desenvolviendo y ya veremos qué ocurre".

Del mismo modo, todo cuanto no has hecho en tu vida ha comenzado primero siendo una idea en tu mente. En este caso, esta idea se encontró con un pensamiento negativo, tal vez derrotista o limitador: un *no puedo*. Cuántas cosas que podrías haber hecho a lo largo de tu vida no hiciste simplemente porque en el mismísimo momento en que te lo planteaste tu mente te dijo: *"No, no puedes".* Sin más, simplemente debido a un juicio inicial que es más una actitud, un hábito, que otra cosa (i.e. decir "no puedo" a ciertas ideas, iniciativas, actividades, etc.), dejaste de hacer muchas cosas que, tal vez, podrían haberte aportado satisfacción o, cuanto menos, una nueva experiencia.

Busca entre tus recuerdos y observarás cómo absolutamente todo cuanto has hecho comenzó siendo primero una idea en tu mente. Una idea que tú consideraste de algún modo viable, valida… una idea que, incluso no viendo la situación clara, incluso teniendo dudas, tuvo el apoyo de tu mente, tuvo un *sí puedo*. En otras palabras, tu mente te dio lo que yo llamo *luz verde*, te dijo:

"Vamos, adelante, inténtalo, tú puedes".

Igualmente, si te paras a pensarlo, podrás observar cómo todo cuanto no hiciste fue primero una idea que no tuvo la aprobación de tu mente, sino su rechazo:

"Eso está fuera de tu alcance, es para otros. No puedes".

Es importante que te pares a reflexionar acerca de esto, para que te des cuenta de que, como decía, todo lo que has hecho (y lo que no) durante tu vida, primero tuvo forma de idea en tu mente y sólo más tarde comenzó (o no) a tener forma también en el mundo.

Tiene aún mayor relevancia darse cuenta de que, durante tu vida, no sólo hiciste sólo aquellas cosas a las que tu mente les dio luz verde, sino que, además, únicamente llevaste a cabo aquello que te *pareció* posible.

Y, si te paras a reflexionar unos instantes, verás que aquello que nos parece posible o imposible es simplemente una *creencia* fruto de nuestra percepción de la situación y de nuestras circunstancias. Es decir, el hecho de que algo te parezca posible o no es totalmente independiente de tus posibilidades reales de conseguirlo. De modo que, si miras atrás en tu vida, verás que hubo ocasiones que dejaste pasar simplemente porque *pensaste* que no podías o que estaba fuera de tu alcance. Tal vez, hoy día veas tales situaciones con otros ojos y pienses que, de haberlo intentado, quizá lo habrías conseguido.

No quiero con esto dirigirte hacia razonamientos contrafácticos, del tipo: *"¿Y si hubiese hecho esto o aquello?, ¿qué habría pasado si...?"* Lo que quiero es que te des cuenta de que, cuando tu vida llegue a su fin, todo cuanto hayas hecho habrá pasado primero por tu "filtro mental", donde se le dio luz verde, donde la idea fue aprobada. Al contrario, si tu mente no lo vio claro, si no te dio luz verde, si te dijo *"no puedes"*, entonces, automáticamente, sin darte cuenta, sin pensarlo dos veces, descartaste esas ideas. Simplemente quedaban fuera de tu alcance o, mejor dicho, estaban fuera de lo que tú *creíste* que era tu alcance.

Aquello que está a tu alcance y aquello que tú crees que está a tu alcance suelen ser dos cosas muy distintas.

Un día hablaba con un cliente sobre sus problemas de postergación. Me decía que le era muy difícil ponerse a trabajar y que, siendo autónomo (y sin tener un jefe que le supervisase), su hábito de dejar para después o para el día siguiente el trabajo que tenía que realizar estaba comenzando a pasarle factura (entregas fuera de plazo, clientes insatisfechos, etc.). Esta persona (a la que llamaremos "Daniel") quería que le ayudase a ser más diligente, más disciplinado. Daniel era un chico de 28 años con estudios universitarios, que hablaba varios idiomas. Recuerdo que le pregunté:

"¿Es ese trabajo lo que siempre quisiste hacer en tu vida?"

Me contestó tan rápido y de forma tan contundente que me hizo reaccionar como cuando una escena de una película nos asusta:

"¡No! Con esto pago las facturas, ya sabes... Me gusta, está bien, pero…"

Entonces, recuerdo que le comenté que, a menudo, las personas no tienen problemas ni de postergación ni de disciplina, sino de motivación. Eso le hizo pensar. Le dije:

"¿Hay algo que te gustaría o que te hubiese gustado hacer más que ninguna otra cosa?"

Se tomó un tiempo para reflexionar, como si estuviese buscando una idea que llevaba *enterrada* en lo profundo de su consciencia. Finalmente, contestó:

"Bueno, sí… pero esto es para unos pocos afortunados que nacen en ese mundillo. Si estás fuera de él, es imposible".

En ese momento me di cuenta de que tenía una *creencia errónea* que le estaba pasando factura. Conforme seguimos hablando, supe que su sueño era ser escritor de guiones de películas de comedia. Daniel me dijo que comenzar a escribir su primer guion estaba siempre incluido al final de su lista diaria de cosas por hacer, pero que nunca había comenzado.

Para qué empezar si, a fin de cuentas, es *imposible*, ¿No?

Con este ejemplo simplemente quiero que veas que, si tu mente no te da luz verde para hacer algo, si crees que no puedes, que no es para ti, jamás lo intentarás. En su lugar, te estarás impidiendo a ti mismo llegar más lejos en tu vida o, como suelo decir, te estarás *cerrando la puerta a ti mismo*. Si bien nadie sabe lo que es posible o imposible, sólo hay una forma de averiguarlo. En palabras de Nelson Mandela:

"Siempre parece imposible hasta que se hace".

Daniel ni siquiera había intentado escribir un guion pero, tras hablar durante unas horas, se dio cuenta de que su sueño era posible, que simplemente lo había descartado a causa de una creencia errónea. Sin más, creyéndose un adivino o basándose en lo que había ido escuchando al respecto a lo largo de su vida, había decidido que aquello a lo que más le gustaría dedicarse quedaba fuera de su alcance. Es más, Daniel se dio cuenta de que sin perseguir su sueño se sentía vacío y sin rumbo. Daniel simplemente tenía que escribir un guion y luego otro y otro, tantos como hiciese falta hasta conseguir que le prestasen atención. Es decir, que necesitaba tratar de *abrirse la puerta* una y otra vez en lugar de cerrársela, como había hecho hasta ahora.

Daniel también se dio cuenta de que "pagar las facturas" no es motivación suficiente para exigir a nuestro cerebro trabajar más (a menos que la motivación real sea algo mucho más importante como, por ejemplo, mantener a tu familia). Recuerdo que le dije:

"Tu cerebro piensa de esta forma: '*¿Acaso no sobrevivimos?, ¿acaso no llegamos a fin de mes e incluso a veces nos sobra? ¡Entonces no me pidas más!, ¡déjame tranquilo! Este trabajo no me interesa. ¡Cuando quieras que empecemos a escribir el primer guion, verás cómo soy disciplinado y diligente!*'"

Las personas somos capaces de superar todos los límites que nos imponemos si tenemos el motivo adecuado para hacerlo.

Friedrich Nietzsche, en su "Ocaso de los ídolos", decía con razón:

"Quien tiene un porqué para vivir puede soportar casi cualquier cómo".

Es decir, contando con la razón adecuada, una persona puede soportar lo que sea necesario. Adaptándola al tema de este libro, esta frase vendría a decir:

Quien tiene un sueño por el que luchar, hará lo que sea necesario para conseguirlo.

En mi opinión, todas las personas tenemos un sueño. Si hasta ahora no te has atrevido a perseguirlo, si lo descartaste sin más, o si piensas que lo puedes conseguir pero no te atreves a empezar, te animo a que sigas leyendo mi libro hasta el final.

¿Quién sabe?, ¡quizá encuentres en mis palabras la inspiración que estabas buscando!

Recuerda: como has hecho otras veces a lo largo de tu vida, si eres capaz de mantener una idea en tu conciencia durante el tiempo necesario, al final, es probable que la lleves a cabo y que se convierta en realidad. Siguiendo los pasos que te iré mostrando a lo largo del libro, ¡espero que consigas alcanzar cuanto te propongas!

1.1. ¿Eres director o víctima de tu mente?

Éste es un punto capital de cara a tener éxito en aquello que quieras conseguir. Te será bastante más difícil alcanzar tus sueños si no controlas tu pensamiento. Obviamente, no seré yo quien diga que "es imposible", pero sin duda muchísimo más complicado. Lo ideal es conseguir que nuestro pensamiento se ponga de nuestro lado, que nos ayude a conseguir lo que nos propongamos de una forma fluida en lugar de tenerlo en contra, haciéndolo todo más difícil. Es más, si nuestro pensamiento no está de nuestro lado, podemos terminar convirtiéndonos en su "víctima" y, forzados por su influencia negativa, acabar abandonando nuestro propósito.

Imagina que en este momento de tu vida eres plenamente consciente de cuál es tu sueño, de qué te gustaría hacer en el futuro, de qué te gustaría conseguir. Sin embargo, es probable que tan pronto como decidas comenzar a trabajar en la dirección que te lleve a alcanzarlo, de repente, tu pensamiento irrumpa en medio del camino sembrando la duda:

- *"¿Estás seguro de lo que vas a hacer, no es muy arriesgado?"*

- *"¡Hay muchas personas haciendo lo mismo que tú que empezaron antes; no tienes posibilidades!"*

- *Haz caso a tu familia: es muy difícil, casi imposible que llegues a conseguirlo. ¿Para qué intentarlo si probablemente fracasarás?*

Mientras que aún no hemos dado el primer paso hacia la consecución de nuestro sueño, nuestra mente ya ha dado varios pasos atrás. Si ya es de por sí difícil conseguir nuestros objetivos, se torna una tarea casi inalcanzable cuando nuestra mente trabaja en contra de nuestros intereses. Por eso es vital conseguir que se ponga de nuestro lado y comience a trabajar a nuestro favor, como decíamos antes.

1.2. Yo no soy mi mente

Siempre he sabido que *yo no soy mi mente*. Siempre he sido consciente de que una cosa es mi pensamiento y otra distinta lo que yo soy. Sin embargo, he encontrado muchas personas que no hacían esta distinción y que más bien decían:

"Yo soy mi mente. Si tengo pensamientos violentos, es que soy una persona violenta; si tengo pensamientos benévolos, es que soy una buena persona".

La mente opera como una orquesta. Al igual que en ésta cada músico está especializado en un instrumento, el cerebro también cuenta con centros neuronales específicos que se especializan en distintas funciones. Ahora bien, si los músicos de una orquesta tocasen de forma asincrónica (cada uno tocando su instrumento por su cuenta), el resultado sería caótico. Sólo cuando todos tocan en conjunto, siguiendo las instrucciones del director, se crea una sinfonía. Del mismo modo, únicamente cuando los diferentes centros neuronales actúan en conjunto, el cerebro da lo mejor de sí mismo. Sólo así, como producto de la interacción, emerge el "yo", el director de nuestra mente. Nuestro "yo" debe asumir su función de director y poner orden. Por eso digo que debemos ser directores y no víctimas de nuestra mente, es decir, debemos ser directores de la orquesta e impedir que cada "músico" toque por su cuenta.

También podríamos verlo de este modo: imagina que tu mente es como una televisión. Los programas de televisión son como tus pensamientos y la televisión (el armazón) es como tu cerebro. Igual que los programas de televisión no son la televisión, tú no eres tus pensamientos. Del mismo modo, igual que en la televisión hay una programación establecida que va cambiando a lo largo del tiempo, podríamos decir que en nuestra mente todos tenemos unas actitudes mentales y creencias que también cambian según vamos envejeciendo. Igual que una televisión que estando encendida se limita a ofrecer la programación que haya en ese momento, la mente ofrece pensamientos, ideas, imágenes, música, etc., tratando de ayudarte o entretenerte. Desafortunadamente, muchas personas actúan como si ellas y sus pensamientos fuesen lo mismo; como si no hubiese nada que hacer y tuviesen que conformarse con la *programación* que les ofrece su mente en cada momento. Sin embargo, esto es ciertamente incorrecto. Nuestras neuronas se comunican constantemente entre ellas y, como resultado, generan lo que podríamos denominar "ruido" (actividad mental). Este ruido podría equipararse a cada músico afinando y practicando por su cuenta. Ahora bien, tú eres el director de la orquesta y por tanto, debes conducir a los músicos (pensamientos) para que la sinfonía suene de forma adecuada. O, volviendo a la metáfora de la televisión y la programación, podríamos pensar que tú eres el director de un canal de televisión y, como tal, debes decidir qué programa retransmitir. Estando en control de la emisión, decidiendo qué se verá y cuándo, sin ser ni la televisión ni los programas, sino el director del canal.

1.3 Cómo elegimos o cambiamos de canal

Ahora piensa que estás sentado frente al televisor eligiendo qué canal ver. La mayoría ofrece una programación variada (y suelen tener anuncios similares). A veces hay programas de tu interés, a veces no, pero, en general, tú eliges lo qué quieres ver. Si no te interesa, cambias de canal. Cuando coges el mando a distancia y sintonizas un canal de documentales, ves documentales, ¿verdad? Si sintonizas un canal de deportes, ves deportes y así sucesivamente. Seguro que no te quedas sentado durante dos horas viendo una película que no te gusta, pensando, *"¡Qué poco me gusta esta película, ojalá pudiese ver otra cosa!, ¿por qué tiene que pasarme esto a mí?",* sino que de seguro cambias de canal o apagas la tele. Pues bien, la mente funciona de una forma muy parecida. La mente es una herramienta que existe para ayudarte, que quiere trabajar a tu favor. Sin embargo, a veces, siendo víctimas de nuestro pensamiento, la mente nos controla, en lugar de controlarla nosotros a ella. Si acabamos de aprender que somos "el director del canal", entonces, ¿por qué sucede esto?

Seguro que ya estás familiarizado con ignorar un televisor mientras transmite un programa que, o bien no te gusta, o no es de tu interés. En casa uno puede apagar la televisión, pero ¿qué ocurre cuando estamos fuera?, ¿has estado alguna vez en un restaurante donde hay una televisión encendida, con el volumen muy alto, que no deja de distraerte? Intentas concentrarte en mantener una conversación, pero la televisión acapara tu atención (o la de tu acompañante). Y aun sin conseguirlo, no deja de ser un molesto ruido de fondo. Ahora bien, a poco que la conversación comience a fluir, nos olvidaremos de la televisión por completo. Pues bien, con los pensamientos que nos molestan ocurre algo similar: aunque sea difícil ignorarlos, si algo acapara nuestra atención o nos concentramos en otra cosa adrede, no les prestaremos atención.

La mente sólo puede concentrarse en una cosa a la vez. En lugar de ignorar algo directamente, la mente se concentra en otra cosa y así, indirectamente, ignora las anteriores. Es decir, si activamente eliges pensar en algo positivo, es imposible que pienses en algo negativo a la vez. Sería parecido a ver (y escuchar) dos canales de televisión a la vez en la misma televisión. Incluso si nuestro televisor pudiese mostrar en su pantalla dos programas a la vez (superpuestos) y reproducir el sonido de ambos canales simultáneamente, ocurriría esto:

No entenderíamos ni lo que vemos ni lo que escuchamos.

Al concentrarnos en un pensamiento u objeto, la mente ignora lo demás. Es como cuando en una habitación silenciosa escuchas el tictac de un reloj. Hay personas a las que les molesta enormemente, especialmente cuando van a dormir. Sin embargo, si en lugar de prestar atención al tictac uno se pone a pensar en sus cosas, lo que ocurrirá es que, indirectamente, ignoraremos el reloj y probablemente nos quedemos dormidos. El tictac seguirá ahí, pero nosotros no nos daremos cuenta porque otra cosa habrá ocupado nuestra atención.

Al contrario, cuando algo nos molesta, lo que solemos hacer es quejarnos o enfadarnos, de este modo centrándonos en aquello que nos irrita (e.g. pensamientos, ruido, etc.), dedicándole toda nuestra atención. Y lo que es peor: cuanto más nos enfadamos por algo, tanto más nos cuesta quitárnoslo de la cabeza. En palabras de Fyodor Dostoyevsky:

"Intente imponerse la tarea de no pensar en un oso polar y verá al condenado animal a cada minuto".

Para *cambiar de canal*, el primer paso es ser consciente de lo que uno está pensando en ese momento y de que, si uno quiere, puede *elegir* pensar en algo diferente. Cambiamos nuestros pensamientos cuando decidimos activamente qué pensar; cuando, en lugar de dejarnos llevar por la inercia de nuestro pensamiento, tomamos el control y decidimos modificar lo que ocupa nuestra conciencia. En lugar de continuar pensando algo triste, deprimente o descorazonador, elegimos pensar algo de nuestro agrado o que nos ayude a superar nuestras circunstancias (e.g. algo feliz, estimulante, motivador). Debemos recordar que somos "el director" de la programación que hay en nuestra mente.

¿Qué ocurre cuando algo nos preocupa? Que, sencillamente, sintonizamos el canal "Preocupación" y nos sentamos a verlo. ¿Y cuándo algo nos ilusiona? Que sintonizamos el canal "Ilusión" y nos sentamos a verlo. Pero, ¿acaso no somos los directores de la programación? Entonces, ¿por qué elegimos ver el canal "Preocupación" durante días, semanas o meses?, ¿por qué no cambiamos de canal?

El problema radica en que no nos comunicamos con nuestra mente de forma efectiva; no le enseñamos qué tipo de pensamientos nos agradan y cuáles no. Mediante la autocharla, debemos decirnos cosas similares a:

- *"Estos pensamientos me gustan, resultan agradables".*

- *"Esta forma de pensar me está deprimiendo. ¡No quiero pensar así nunca más! No prestaré atención a pensamientos que me hacen dudar de mí mismo. Sólo prestaré atención a pensamientos que aumenten mi auto-estima".*

- *"No quiero volver a pensar que no puedo. ¡Claro que puedo! Con determinación y persistencia ¡todo es posible!"*

De este modo, comenzaremos a producir una autocharla positiva, la cual es crucial, especialmente para aquellos momentos difíciles a los que todos nos enfrentamos durante el curso de nuestra vida. Una actitud mental positiva por sí misma no bastará para solucionar nuestros problemas, pero sin duda nos ayuda a enfrentarnos a ellos, a superarlos, a la vez que no se convierte en un "problema añadido", como ocurre con la actitud mental negativa.

Veamos otros ejemplos de pensamientos positivos:

- *"Sin duda, éste es el peor momento de mi vida, pero sé que no durará por siempre: antes o después cambiará".*

- *"En lugar de verlo todo negro, voy a centrarme en lo que puedo hacer para solucionar mi situación. A fin de cuentas, existe una solución para cada problema".*

- *"Al final, ¡todo saldrá bien! No soy la primera persona que se enfrenta a circunstancias de este tipo y, si otras personas las superaron, ¡yo también las superaré!"*

Además de ser "el director de nuestra mente", es conveniente que también aprendamos algo de boxeo. Lo sé, será duro al principio: ponerse en forma, aprender la técnica... Pero te prometo que ¡valdrá la pena! Y, tranquilo, que no hablo de aprender a boxear de verdad, sino a darle unos buenos golpes a más de un pensamiento que se nos resiste. Y para esto, debemos entender que los pensamientos únicamente vienen y van. Somos nosotros quienes, al dedicarles nuestra atención, hacemos que permanezcan en nuestra conciencia. Por ejemplo, imagina que estás pensando algo negativo. Si de repente tomas la decisión de pensar algo positivo y continúas concentrándote en esos pensamientos, sin darte cuenta, olvidarás lo que estabas pensando previamente (pensamientos negativos) y sólo los pensamientos que hayamos elegido se quedarán con nosotros... Esto nos ayudará a disciplinar nuestra mente... ¡hasta que los pensamientos negativos vuelvan para molestarnos de nuevo! Al principio nos costará un poco deshacernos de ellos por completo. Durante los primeros minutos es como si lo que estábamos pensando antes y lo que elegimos pensar ahora estuviesen manteniendo un pulso en el *ring de nuestra conciencia*: el ganador seguirá siendo el centro de nuestra atención. De modo que, si continuamos pensando activamente en aquello que queremos, sin darnos cuenta, estos pensamientos *ganarán el asalto* y serán los que ocupen nuestra atención y permanezcan en nuestra conciencia.

El problema radica en que no es suficiente ganar uno o dos asaltos, ya que nuestra mente tiende a ser muy indisciplinada y, por tanto, vuelve a proporcionarnos pensamientos que no queremos. Incluso cuando hayamos conseguido pensar en aquello que queremos, es muy normal que, de repente, volvamos a acordarnos de lo que pensábamos antes (siguiendo el ejemplo, pensamientos negativos). Entonces, deberemos ponernos nuestros guantes de boxeo nuevamente y "darle unos golpes" a esos pensamientos que no nos agradan, mientras nos concentrarnos en aquello que queremos pensar, en aquello que queremos que ocupe nuestra conciencia. Así, los pensamientos que no queremos no reciben nuestra atención, sino que son ignorados (por tanto, llegan a nuestra conciencia y se van), mientras que los que elegimos pensar, al ser objeto de nuestra atención, se quedan.

Por tanto, al igual que un boxeador se enfrenta a muchos combates a lo largo de su carrera deportiva, nosotros, igualmente, nos veremos participando en muchos combates entre pensamientos que son de nuestro gusto y aquellos que no lo son, en el "ring de nuestra conciencia". La cuestión es no darse por vencido cuando no consigamos modificar el hilo de nuestro pensamiento. Lo importante es no tirar nunca la toalla y seguir luchando por la victoria. Poco a poco, *asalto tras asalto*, iremos doblegando nuestra mente y, en consecuencia, la iremos educando y disciplinando. Haciendo esto una y otra vez, ganando un asalto tras otro, terminaremos por ganar el combate. De este modo, igual que un boxeador se vuelve más fuerte y experimentado con la práctica, a nosotros cada vez nos costará menos disciplinar nuestra mente y pensar en aquello que queremos. Y lo que es más, poco a poco, nuestra mente sabrá qué pensamientos nos debe proporcionar y cuáles no. Por último, aunque nunca lleguemos a ganar un "cinturón de campeón", sí que ganaremos el control de nuestra mente y el ponerla de nuestro lado, que no es poco.

a) Meditación

De forma preventiva podemos aprender a disciplinar y calmar nuestra mente a través de la meditación. Existe una forma de meditar que es tan simple como efectiva: la meditación budista tradicional. Ésta consiste simplemente en observar nuestra respiración: nada más... ¡y nada menos! Todo cuanto no sea observar nuestra respiración no es meditar. Este tipo de meditación tiene, cuanto menos, dos beneficios que son de nuestro interés:

1. Reforzamos nuestra concentración (aprendemos a prestar atención a lo que queremos, ignorando así el resto).

2. Aprendemos a distanciarnos de nuestros pensamientos (hacemos que aquellos pensamientos con mayor contenido emocional acaparen menos nuestra atención y tengan menos impacto sobre nuestro estado psicológico/emocional).

Al meditar, al concentrarnos en observar nuestra respiración (ojo, no en controlarla, sino simplemente observarla), lo que hacemos es, indirectamente, ignorar el resto (e.g. nuestros pensamientos). Como verás si comienzas a practicar, al principio cualquier pensamiento que ronde tu conciencia conseguirá atraer tu atención (es decir, hará que dejes de observar tu respiración). De repente, te darás cuenta de que, en lugar de estar observando tu respiración, estarás pensando en algo (e.g. lo que tienes que hacer más tarde o al día siguiente). Sin embargo, poco a poco, practicando un poquito cada día, verás como tu concentración se hace más fuerte y menos propensa a verse distraída por esos pensamientos que suelen rondar por nuestra conciencia. Además, desarrollarás calma y claridad mental.

1.4 Conoce los distintos tipos de pensamientos

a) Pensamientos desagradables

A veces, la mente concibe pensamientos que son desagradables, no nos son de ayuda, o que encontramos difíciles de ignorar, bloquear o sustituir por otros que sean de nuestro agrado. En general, debes ser consciente de que este tipo de pensamientos se presenta en nuestra mente debido a causas muy variadas, tanto a nivel psicológico como emocional.

Por ejemplo, a veces, puede que debido al estrés, tu mente presente este tipo de pensamientos negativos, desagradables, en tu conciencia. A algunas personas les hará bien realizar ejercicio físico, mientras que a otras les sentará mejor relajarse dándose un baño. Por tanto, debes aprender por ti mismo (a través de la práctica) qué tipo de actividad necesitas realizar para evitar dichos pensamientos y sentirte mejor. Comenzaríamos con buen pie si, en estos casos, buscamos una actividad que sea de una naturaleza distinta a aquello que estuviésemos haciendo cuando los pensamientos negativos llegaron a nuestra mente. Normalmente, o bien se requiere una actividad que capture toda nuestra atención y que, de este modo, nos mantenga totalmente distraídos (ignorando así los pensamientos que nos desagradan), o bien una actividad que encontremos agradable y reconfortante (e.g. ir a pasear), la cual probablemente genere pensamientos agradables.

En general, para distraerse, lo ideal es realizar actividades que requieran un esfuerzo por nuestra parte y que no puedan realizarse en *piloto automático*. Por ejemplo, si elegimos ver la televisión, el pensamiento desagradable permanecerá en nuestra conciencia porque es posible ver la televisión mientras pensamos en otras cosas y, normalmente, no perder el hilo de lo que estemos viendo. Sin embargo, si decidimos leer un libro, deberemos dedicar a éste toda nuestra atención o, de lo contrario, al cabo de unas páginas nos daremos cuenta de que no sabemos qué hemos estado leyendo.

También hay que tener en cuenta que, dependiendo de nuestras circunstancias, elegir el tipo de actividad a realizar se torna aún más relevante. Si, por ejemplo, estamos pasando por un momento difícil en nuestra vida, donde nos encontramos algo deprimidos o bajos de ánimo, no basta con sólo distraerse, sino que es conveniente realizar actividades que nos aporten algo más que una mera distracción. Es decir, es mucho mejor llevar a cabo una actividad cuya consecución nos haga sentirnos bien con nosotros mismos. Por ejemplo, no es lo mismo sentarse a ver la televisión que, nuevamente, leer un libro. La diferencia estriba en que, al terminar de leer un buen libro, a uno le queda un buen sabor de boca, una sensación de logro (e.g. "He leído El Criticón, del sabio Baltasar Gracián"). Por tanto, en dichos momentos es preferible distraernos con actividades que nos hagan sentirnos útiles, que nos aporten *feedback* positivo. En la mayoría de los casos, éstas suelen requerir un esfuerzo por nuestra parte, como decíamos antes.

Por supuesto, debido a las diferencias interpersonales, no hay una regla universal que valga para todos. Lo que en teoría debería despejarte puede que no lo haga. De modo que es cuestión de ir probando y ver qué te sienta bien a ti personalmente. Además, no siempre reaccionaremos del mismo modo al realizar una misma actividad: por más que en general ir a pasear nos siente de maravilla, sin duda habrá ocasiones en que mejor habernos quedado en casa. Esto es sólo un recordatorio de lo complejo de nuestro organismo y nuestra existencia. Excepciones aparte, poco a poco, a medida que vayas probando y conociéndote a ti mismo, te será más fácil dejar a un lado los pensamientos que no te interesan y hacer que tu mente te ofrezca aquellos pensamientos que te convienen más.

b) Pensamientos que nos limitan

Pensamientos como los siguientes no sólo sientan mal, sino que además nos desmotivan, nos quitan las ganas de trabajar en aquello que nos llevará a conseguir nuestros objetivos:

- *"Si sigo ganando tan poco dinero, no sé cómo me las voy a arreglar en el futuro".*

- *"Con la competencia que hay no voy a ser capaz de ganarme la vida con lo que estoy haciendo".*

- *"A lo mejor no soy tan bueno en lo que hago como pienso".*

Este tipo de pensamientos suelen aparecer cuando, pensando en el futuro, la duda sobre nosotros mismos y nuestras posibilidades se instala en nuestra conciencia. También, cuando pretendemos hacer algo que nos supone un desafío o, simplemente, cuando las circunstancias se ponen difíciles. En los siguientes capítulos, veremos qué hacer en estos casos.

c) Pensamientos disruptivos

En algunas ocasiones, especialmente coincidiendo con momentos difíciles de nuestra vida, de repente, puede que aparezcan en nuestra mente pensamientos muy desagradables a los cuales llamaremos *pensamientos disruptivos*. Estos casos quedan fuera de la temática de este libro, pero, con la intención de informar al lector, diré que son pensamientos negativos que cuentan con un alto contenido emocional, lo cual los hace especialmente difíciles de expulsar de nuestra conciencia. Además, estos pensamientos son muy desestabilizadores y suelen provocar sensaciones negativas como angustia, pánico, profunda tristeza, etc. Este tipo de pensamientos suele aparecer cuando ha existido un notorio desequilibrio e insatisfacción en nuestra vida durante un período extendido de tiempo (que varía en función de cada persona). En estos casos es común estar sometidos a elevados niveles de ansiedad, por lo que nuestro pensamiento no tendrá la claridad que la situación requiere y, en consecuencia, nos será realmente difícil restablecer el equilibrio de nuestra vida por nosotros mismos. Por esto, lo más recomendable sería visitar a un profesional de la salud mental. Lo ideal sería contar con un equipo interdisciplinar (e.g. psicólogo y psiquiatra). Cuanta más ayuda podamos recibir para retomar el control de nuestra vida, mejor.

1.5 Emociones, creencias y perspectiva

Es importante tener en cuenta que en nuestra conciencia existen distintos niveles. Cuanto más superficiales sean nuestros pensamientos, más fácil nos resultará cambiarlos o ignorarlos. Del mismo modo, cuanto más arraigados a nuestras emociones o a nuestro *sistema de creencias* estén dichos pensamientos, cuanto más profundo dentro de nuestro ser, tanto más difícil nos resultará modificarlos o ignorarlos. A menudo, este tipo de pensamientos nos visita cuando no prestamos atención a nuestra voz interior, la cual, si la seguimos ignorando, no tendrá más remedio que hablarnos cada vez más alto, hasta asegurarse que le prestamos atención.

No obstante, ten en cuenta que estos pensamientos, aunque desagradables, no son necesariamente *negativos*, ya que pueden llegar a nuestra conciencia para informarnos de que debemos realizar un cambio en nuestra vida. Tal vez nuestro trabajo nos esté deprimiendo, quizá nos sintamos atrapados en una relación que no funciona, o simplemente estemos dedicando tiempo y esfuerzo a una actividad que no nos satisface. Sea como sea, es probable que nuestras circunstancias nos estén exigiendo cambiar, mientras que nosotros estemos haciendo todo lo posible por no hacerlo. O puede que estemos estresados y necesitemos un descanso que no queremos darnos (¡o las circunstancias no nos lo permiten!). Recuerda que a veces no se trata de cambiar tus pensamientos, sino que tu estado mental puede ser el resultado de una rutina que no te satisface. En lugar de modificar tus pensamientos, harías mejor en realizar cambios en tu día a día, en tu vida... ¡O en ti mismo!

Por ejemplo, cuando una relación no funciona, es normal que sintamos insatisfacción con nuestra vida y que nos cueste dejar de darle vueltas a qué debemos hacer. Sin embargo, en muchas ocasiones, por una razón u otra, las personas insistimos en continuar una relación que no funciona. De este modo, la insatisfacción, la falta de motivación o, incluso, los pensamientos depresivos no tardan en instalarse en nuestro día a día. En una situación como ésta es absurdo tratar de sentirse mejor con uno mismo manteniendo diálogos positivos. En su lugar, tomando el control de la situación y enfrentándonos a ella, conseguiremos sentirnos bien casi de inmediato. En este caso, deberíamos poner punto y final a una relación que no funciona. Tan pronto como tomemos medidas contra aquello que con seguridad nos hace infelices, nuestro organismo reaccionará y nos sentiremos mejor de inmediato.

¿Te has sentido libre alguna vez después de terminar una relación que te estaba consumiendo? Si la respuesta es afirmativa, entonces sabes de qué estoy hablando.

Tu pensamiento y tu estado emocional actúan como indicadores de tu satisfacción personal. Si tu estado psicológico/emocional se torna negativo, es un indicador claro de que algo no funciona. En algunas situaciones es más adecuado prestar atención a nuestras emociones en lugar de a nuestros pensamientos. ¿Estás estresado y lo único que necesitas es un descanso?, ¿estás haciendo algo en contra de tu voluntad que te está suponiendo un conflicto interior?, ¿hay alguien en tu vida que está drenando tus energías?

Debes preguntarte lo siguiente:

"¿Cómo me siento?, ¿qué o quién puede estar provocando estos sentimientos?, ¿acaso son mis pensamientos o es que algo en mi vida no funciona y me está afectando negativamente desde lo más profundo de mi ser?"

En general, la mente produce pensamientos negativos en situaciones en las cuales sentimos insatisfacción, ya sea a nivel personal o por nuestra vida. Si no hacemos nada por cambiar nuestras circunstancias, este tipo de pensamientos irá cobrando cada vez más fuerza en nuestra conciencia.

Quizás sea útil el siguiente ejemplo: imagina una persona a la que no le gusta su trabajo, quien es plenamente consciente de que su trabajo no le gusta, no le hace feliz y, además, le está produciendo una gran insatisfacción e incluso la está volviendo una persona infeliz. Puede que esta persona tenga miedo a cambiar, a no encontrar otro trabajo, etc. Entonces, como las personas somos muy fuertes y podemos aguantar mucho más de lo que pensamos, es posible que esta persona continúe haciendo el mismo trabajo, aun cuando sepa que le está provocando un gran problema personal. A menudo, para evitar un problema relativamente menor (cambiar de trabajo, buscar otro trabajo, etc.), creamos un problema mayor (problemas de ansiedad, depresión, etc.). Si nos forzamos a continuar con una vida que nos hace infelices y no cambiamos, al final, será nuestro cerebro quien decida por nosotros: nuestro estado psicológico y emocional se verá tan resentido que nos impedirá ir a trabajar.

Asimismo, puede ocurrir que haya una discrepancia entre nuestras creencias y nuestras circunstancias actuales. A su vez, las creencias que tenemos influyen en las expectativas que desarrollamos para nuestra vida (e.g. cuando tenga treinta años estaré casada). Cuando nuestra situación y nuestras expectativas no coinciden, lo más probable es que sintamos insatisfacción con nosotros mismos y con nuestra vida. Por ejemplo, incluso en el llamado *primer mundo* sigue habiendo mujeres que piensan que deben casarse antes de los treinta años. Si una mujer que piensa así sigue soltera a los veintisiete años, comenzará a estresarse y, pronto, la ansiedad llamará a su puerta. Por eso, en casos como éste, no basta con pensar en otra cosa, ya que el problema (la creencia errónea) seguirá ahí, atormentándonos. En una situación como ésta debemos reflexionar sobre nuestras creencias y sobre qué esperamos de la vida (expectativas). Veamos algunos ejemplos:

- *"¿Por qué una mujer debe casarse antes de los treinta años? Es más, en general, ¿por qué debería casarse?"*

- *"¿Acaso no conozco mujeres muy felices que siguen solteras más allá de los treinta? Es momento de actualizarse".*

- *"Siempre di por sentado que a los treinta estaría casada, pero aquí estoy: soltera y sin compromiso. La vida ha cambiado; debería adaptarme y tomarme las cosas con calma en lugar de obligarme a buscar pareja desesperadamente".*

Ser conscientes de cuáles son nuestras creencias y expectativas y, a la vez, contrastar éstas con la situación presente, suele ayudar a descubrir qué puede estar causando ciertos estados psicológicos y/o emocionales desagradables.

Sea lo que sea que sucede en nuestra vida, siempre será de ayuda ganar perspectiva sobre nuestras circunstancias. A veces, tan sólo necesitamos cambiar la perspectiva que tenemos de nuestra situación para que la inercia de nuestro pensamiento también cambie. En estos casos, un "CEO" conversaría con uno de sus asesores, contrataría a un consultor, o simplemente hablaría con un amigo cercano en un intento de encontrar un punto de vista distinto al suyo, que le ayude a analizar la situación desde un mejor ángulo. Pues bien, nosotros debemos hacer lo mismo: deberíamos hablar con un buen amigo, un coach o un psicólogo; alguien que nos ayude a ganar perspectiva sobre nosotros mismos o nuestra situación, de modo que estemos en mejor posición de enfrentarnos a nuestras circunstancias.

El siguiente ejercicio puede resultarte de ayuda cuando existe algo en tu vida que te preocupa y que no te puedes quitar de la cabeza. En lugar de seguir pensando y dándole vueltas al problema, centra tu atención en qué puedes hacer para solucionarlo. Si ves que estás sumido en un estado emocional totalmente negativo, que tu mente no es capaz de encontrar soluciones, te aconsejo que trates de imaginar cómo sería tu vida una vez tu problema esté resuelto. Olvídate de pensar, *imagina*. Los primeros minutos te será complicado hacerlo porque, como decíamos, los pensamientos sobre tu problema intentarán acaparar tu atención, pero, si perseveras e imaginas durante un tiempo determinado tu vida libre del problema que ahora te preocupa, muy probablemente comiences a sentirte mejor y tu mente, en consecuencia, se muestre más tranquila y en calma. Entonces, contando con un estado emocional más positivo y adecuado, estarás en mejor disposición para tratar de encontrar una solución a tu problema.

Finalmente, permíteme decir que mi intención no es enseñarte a que ignores tus problemas, sino a educar tu mente para que se ponga de tu lado y te ayude a conseguir tus sueños. Si tienes ciertos problemas que incitan pensamientos y emociones negativas, lo que debes hacer es solucionarlos en lugar de tratar de aliviar los síntomas que están provocando. Te animo a que te tomes un tiempo para reflexionar sobre tu vida y tu persona ya que, si no tomas cartas en el asunto, tus circunstancias difícilmente mejorarán (de hecho, lo más probable es que empeoren, igual que ocurriría con un jardín desatendido). Lo adecuado es tratar de solucionar el problema antes de que se nos escape de las manos y tengamos que enfrentarnos a un problema aún mayor. Te animo a reflexionar sobre las siguientes líneas y a tratar de memorizarlas en caso de que pueda servirte de ayuda en el futuro:

Es infinitamente más fácil cambiar el curso de tu vida cuando algo no funciona, que hacerlo cuando perdemos el control. Entonces, además del problema inicial, probablemente debamos enfrentarnos a problemas más drásticos añadidos, como una crisis de ansiedad o una depresión.

Tu mente es como una *caja negra* que registra cada segundo de tu vida: tus impresiones, tus opiniones, tus juicios… Tu estado mental se convierte en un reflejo de las emociones, pensamientos y experiencias registradas. Si no puedes cambiar tus circunstancias por el momento, ¡al menos asegúrate de mantener una visión optimista de tu vida! Esto propiciará que mantengas una autocharla positiva, la cual te será de gran ayuda en los momentos más difíciles, como útil y conveniente en los menos exigentes.

1.6 ¿Cómo ser director y no víctima de mi mente?

Un buen punto de partida sería comenzar a observar qué pasa por tu mente cuando te paras a pensar sobre qué te gustaría conseguir en el futuro, sobre tus sueños. ¿Mantienes un diálogo positivo, constructivo, que te incita a ponerte manos a la obra, que te motiva y te instiga a la acción? O, por el contrario, tu pensamiento es negativo, pesimista, inmovilizante, que te pone ansioso, que te invita a procrastinar, a no hacer nada... Si sabes cómo responde tu mente cuando piensas en tus objetivos, podrás cambiar aquello que no te ayude a conseguirlos (i.e. pensamientos negativos, derrotistas, etc.).

Uno de los problemas a los que deberemos enfrentarnos ocurre cuando, sin que nos demos cuenta, mantenemos en nuestro sistema de creencias ideas que nos limitan (las cuales toman forma de pensamientos limitadores, como vimos antes):

- *"Con lo que tengo me conformo. No necesito más".*

- *"No todo el mundo puede conseguir lo que quiere, sólo aquellos con mucho dinero".*

- *"Si otras personas más inteligentes que yo no lo consiguieron, es imposible que yo tenga éxito".*

En este caso, podríamos ser *víctimas* de nuestro pensamiento, puesto que dejaremos a un lado nuestros sueños creyendo que no están a nuestro alcance, como mencionaba al principio del capítulo con el ejemplo de Daniel.

Por eso, es importante pensar en el objetivo final, en nuestro sueño y tratar de responder a la siguiente pregunta:

¿Podemos conseguirlo?

Si la respuesta es que *no*, conviene hacer lo que yo llamo una *lista de obstáculos*. Se trata de un listado que haremos por escrito, donde incluiremos los obstáculos que *supuestamente* nos impiden conseguir nuestros sueños. Además, añadiremos una explicación de por qué cada uno de esos obstáculos hace que la búsqueda de nuestros sueños sea imposible. Al tenerlo por escrito, es más fácil darse cuenta de si nuestras razones son legítimas o si son simplemente excusas. Lo más probable es que ninguna de estas razones sea una limitación real y en su mayoría sólo sean creencias erróneas o motivos bien elaborados por nuestra mente que nos ayuden a *conformarnos* con nuestra situación y a evitar cambiar, para así no tener que exponernos a problemas o situaciones más exigentes que puedan complicarnos la vida.

De hecho, nuestra *lista de obstáculos* será una de las mayores dificultades a la que deberemos enfrentarnos de cara a conseguir nuestros sueños, ya que siempre podremos emplearla para justificar por qué no estamos haciendo lo que nos gustaría hacer. Es más, aunque quizá no la utilicemos para justificarnos delante de terceras personas, sí que la podremos utilizar para justificarnos ante nosotros mismos. A fin de cuentas, ¿quién no se cree sus propias excusas? Si eres como muchas otras personas, seguro que tienes muy presente tu *lista de obstáculos* personal, en teoría responsable de que no puedas hacer nada para cambiar tus circunstancias. Digo "en teoría" porque, en la práctica, cuando uno se empeña en superar los obstáculos de su lista, se da cuenta de que estos sólo son dificultades mayores sobre el papel y que, conforme dedicamos esfuerzo y determinación, terminan por derrumbarse uno tras otro.

Lo que ocurre es que, al principio, nuestra mente concibe dichos obstáculos como una gran montaña imposible de escalar, frente a la cual nos sentimos muy pequeños. Si nos dejamos intimidar por lo que en principio es sólo una idea en nuestra mente, muchas veces ésta terminará por convertirse en una realidad: los obstáculos minarán nuestra motivación e impedirán que comencemos o que continuemos nuestro ascenso:

"No lo veo claro, pienso que no voy a poder. Para hacerlo necesitaría sortear tantos obstáculos… No creo que lo consiga, no merece la pena ni intentarlo".

Así, puede que simplemente lleguemos a la conclusión de que, debido a estos obstáculos que prevemos, lo que pretendíamos llevar a cabo *es imposible* y entonces ahí terminaría nuestro intento:

- "¿Acaso no es verdad que estos obstáculos son insalvables?"

- "¿No es cierto que para que tuviese éxito deberían ocurrir demasiadas coincidencias?"

Lo paradójico de todo esto es que no son los obstáculos por sí mismos lo que nos impide conseguir aquello que queremos, sino la interpretación que hacemos de dichos obstáculos y la actitud que mantenemos ante ellos (e.g. *"No voy a poder"*). Es decir, los mayores obstáculos son nuestros pensamientos derrotistas y limitadores, y no los obstáculos por sí mismos. Los problemas que van surgiendo a lo largo del camino deben ser considerados retos, oportunidades para aprender, crecer y volvernos más fuertes. Por eso, en lugar de decirse:

"No puedo superarlo".

Uno ha de preguntarse:

"¿Cómo puedo superarlo?"

En el primer ejemplo (*"No puedo superarlo"*) lo que haces es abandonar sin luchar, sin intentar solucionar los problemas, sin afrontar los obstáculos. En el segundo ejemplo (*"Cómo puedo superarlo"*) obligas a tu cerebro a buscar una solución que, antes o después, encontrarás y te hará seguir adelante. Por eso, cada vez que superas un obstáculo aprendes algo nuevo y te haces más fuerte. Es muy importante que recuerdes que debes tener una actitud mental abierta, positiva, para solucionar los problemas que vayan surgiendo.

A continuación, una lista de algunas razones que he escuchado a lo largo de mi vida debido a las cuales estas personas no comenzaron a perseguir sus sueños:

- "Ya es demasiado tarde. Si hubiese comenzado hace unos años, tal vez. Pero ahora… ya no hay nada que hacer".

- "Si tuviese más dinero, lo intentaría, pero con tan poco es imposible".

- "Si no fuese porque cuando llego a casa estoy muy cansado, ya habría comenzado".

Nos quejamos de nuestras circunstancias, cuando lo cierto es que hay innumerables ejemplos de personas que sin tener las circunstancias más favorables, fueron capaces de conseguir aquello que se propusieron. Pero claro, es mucho más fácil mirar a aquellas personas que no lograron alcanzar sus sueños, para así sentirse a gusto con uno mismo.

Si realmente queremos avanzar, debemos cuestionar con honestidad nuestras razones (¡o excusas!) para no comenzar. Para cambiar nuestras creencias, primero debemos darnos cuenta de que tal vez estemos equivocados:

- *"¿Realmente son tales los impedimentos?, ¿acaso estoy tratando de evitar el esfuerzo que la situación va a requerirme?"*

- *"¿O más bien se trata de querer evitar complicarme temporalmente la vida?"*

- *"¿Acaso tengo miedo o me siento inseguro?"*

Evitando ser honestos con nosotros mismos y creyéndonos nuestras propias excusas, conseguimos sentirnos a gusto (momentáneamente) y permanecer como estamos (conformarnos), sin tener que enfrentarnos a nuestras debilidades (y muy probablemente tampoco a nuestros miedos), a la vez que, en principio, evitamos problemas futuros. Además, si dejamos que todo siga como hasta ahora, evitaremos tener que cambiar. Ya sea de manera consciente o inconsciente, estaremos evitando la incomodidad, el esfuerzo de tener que luchar por aquello que queremos conseguir o, quizá, reunir el valor necesario para enfrentarnos a nuestros miedos. Tan difícil es mirarse el ombligo y analizar en qué debemos cambiar para así poder cambiar nuestra vida, como fácil es quejarse sobre nuestro desafortunado destino y buscar a alguien a quien contarle la mala fortuna que tenemos. A fin de cuentas, siempre será infinitamente más fácil conformarse y dejarlo todo como está:

- "¿Sabes? Si tuviese estudios tal vez podría haberlo conseguido".

- "La verdad es que trabajando tantas horas al día es imposible".

- "Estando soltero lo habría intentado. Pero con una familia a la que mantener, simplemente no puedo".

No hace falta decir que, si ya es de por sí un gran reto conseguir alcanzar nuestros sueños, lo será aún más si, en el momento en que nos lo planteamos, nuestra mente nos *azota* con razones por las cuales nos será imposible tener éxito.

Del mismo modo, es siempre más fácil distraerse con cosas que nos entretienen, que de pronto nos divierten, pero que no nos ayudarán a llegar más lejos, que esforzarse por intentar ir a más. Estando distraídos, podemos mirar hacia otro lado mientras nuestra vida pasa sin que nos demos cuenta y nuestra oportunidad de conseguir nuestros sueños se desvanece. Algunas de estas distracciones son las siguientes:

- Internet (si se usa irresponsablemente).

- TV.

- Juegos (de ordenador, sobremesa, etc.).

- Socializarse (cuando dedicamos más tiempo a nuestra vida social que a nuestras metas).

No digo que debamos obsesionarnos con nuestro objetivo y que evitemos todo aquello que no nos acerque cada día, un poquito más, a su consecución. Lo que digo es que es muy fácil dejarse llevar por excusas y actividades que no requieren esfuerzo, que nos entretienen y nos hacen sentir bien en el momento presente, pero que a largo plazo no nos ayudarán a conseguir nada. Debemos recordar que el tiempo pasa y con él, también nuestra vida. Ahora tenemos la oportunidad de conseguir lo que queremos; mañana quizá sea demasiado tarde y puede que entonces sólo podamos mirar atrás y lamentarnos del tiempo desaprovechado.

a) Sobre cometer errores

Sin duda, la mayoría de las personas que han alcanzado el éxito, primero fallaron en repetidas ocasiones. Lamentablemente, nuestra cultura nos hace creer que el éxito no es algo por lo que se trabaja (y muy duro), sino algo que se tiene. Desde pequeños, la sociedad nos hace pensar que las personas que tienen éxito, o bien son de otro planeta, o bien han tenido suerte. Nadie nos dice que eso no es así, que el éxito es algo que se puede conseguir con esfuerzo. Es como si fuese más glamuroso pensar que hay personas especiales, que nacieron con ciertas habilidades que las hacen especiales y mejores que los demás. Así es más fácil excusarse uno mismo, ¿verdad? Al contrario, pensar que la mayoría de las personas con éxito sacrificaron una gran parte de su vida (¡y de su día a día!) por la actividad donde más tarde tendrían éxito, nos muestra que nosotros también podríamos si, igualmente, estuviésemos dispuestos a sacrificarnos. Pensar que estas personas superaron un sinfín de obstáculos, que tuvieron que luchar contra viento y marea, que en muchos casos conocieron una profunda desesperación y que tuvieron que hacer un enorme sacrificio hasta que finalmente el éxito les hizo justicia, parece que las convierte en personas como tú o yo. No, mejor vender sus éxitos como caídos del cielo. Pues bien, si aún tienes esta idea en mente, te animo a que busques ejemplos en las vidas de la mayoría de las personas famosas que conoces. Verás cómo en su mayoría, desde Tom Cruise, Michael Jordan, George Lucas, Cristiano Ronaldo, hasta Leo Messi y un largo etcétera, sus historias personales están llenas de pundonor, sacrificio, esfuerzo y dedicación.

Por otro lado, cuando estas personas cometieron errores o fallaron, no lo hicieron *a nivel personal*, sino que simplemente fallaron cada intento en particular. Es decir, no es igual pensar *"soy un fracaso"* que *"he fracasado esta vez"*. Tu forma de considerar e interpretar un fracaso tendrá un gran impacto en tus posibilidades de tener éxito, ya que existe una gran diferencia entre *fracasar* y *ser un fracaso*. Tener muy clara la distinción entre ambos términos es de tal importancia, que voy a reiterarlo:

Hay una enorme diferencia entre *ser un fracaso* y *fracasar*.

Las personas con éxito se permiten a sí mismas fracasar; las personas sin éxito se permiten a sí mismas *ser un fracaso*. Como todo en la vida, para tener éxito primero hay que intentarlo, equivocarse, cometer errores, aprender de ellos e intentarlo de nuevo disponiendo de un mayor conocimiento y experiencia. "Nadie nace sabiendo" he oído decir muchas veces. En lugar de culparse uno mismo o culpar a los demás, hacemos mejor reflexionando sobre qué nos ha llevado a fracasar y cómo podemos hacerlo mejor en el siguiente intento.

¡No hagas de los fracasos algo personal, sino algo de lo cual aprender y crecer!

Igualmente, es importante mantener el ego a raya. Tu ego puede impedir que intentes alcanzar nuevas metas, ya que tendrá miedo de que fracases en el intento. Para tu ego, un fracaso es un *fracaso personal*: *"si fuese mejor no habría fracasado"*. ¡Debes ignorarlo! Al contrario, deberías tener la mejor disposición a cometer errores, puesto que estos te harán aprender, crecer y llegar más lejos. Los errores deben ser considerados lecciones, oportunidades de crecimiento personal, información relevante o pedacitos de sabiduría. Los errores, los fallos, son todo menos lo que la sociedad y la escuela nos hace pensar de ellos. Si no, párate a pensar:

¿Cuándo fue la última vez que aprendiste algo *crucial*, de lo cual extrajiste una *lección vital* tras hacer algo perfectamente?

Al contrario, ¿cuándo fue la última vez que aprendiste algo *crucial*, de lo cual extrajiste una *lección vital* tras equivocarte estrepitosamente?

Deja que los demás eviten perseguir sus sueños por miedo a cometer errores, pero asegúrate de que tú cometes muchos ¡y aprendes de ellos! ¡Llegarás más lejos!

1.7 Dejando a un lado la razón

Para conseguir alcanzar lo que hayas propuesto, es mejor que, en determinadas ocasiones, dejes a un lado la razón. Sí, tal cual te estoy diciendo. Si pretendes alcanzar tus sueños pensando en términos de lo que *tiene sentido, es lógico, suena razonable*, etc. es muy probable que, o bien no lo intentes, o bien lo intentes vagamente pero abandones al primer contratiempo.

¿Por qué? Porque la razón buscará motivos por los cuales parezca casi *imposible* que algún día lleguemos a alcanzar nuestros sueños:

- *"Pero, si no tengo dinero, ¿cómo voy a empezar?"*

- *"Si no conozco a nadie que se dedique a esta profesión, ¿cómo voy a poder acceder a ese mundillo?*

- *"Si no tengo la cualificación necesaria, ¿cómo voy a conseguir un puesto de trabajo?"*

De este modo, si antes de empezar no lo ves claro, te sientes inseguro y dudas (es decir, ves esa *gran montaña* de la que hablábamos antes delante de ti), lo más probable es que, paralizado por la incertidumbre y las dudas, te desanimes y probablemente aceptes tus circunstancias y continúes viviendo como hasta ahora (por más que no te sientas satisfecho). Y si se da el caso de que reúnes la entereza para comenzar, lo normal es que, al primer contratiempo, la poca convicción que tenías te abandone, a la vez que oyes a tu mente decirte:

- *"¿Ves? Si ya te dije que no ibas a poder. No tienes estudios/tiempo/dinero, etc."*

- *"¿Cómo he podido ser tan inmaduro? Estaba claro que era imposible: todo el mundo me lo decía."*

- *"Debería haber seguido como estaba. Después de todo, no me iba tan mal."*

La mente es una herramienta que tú controlas y utilizas para alcanzar lo que te propongas. Por tanto, no dejes que pensamientos o creencias que te limitan se interpongan en tu camino. Al inicio, deja la razón a un lado. Esta es una elección que puedes hacer conscientemente, un ejemplo de controlar tu mente, de enseñarle cómo quieres pensar. Debes decirte a ti mismo:

"A partir de ahora no voy a pensar en lo que no se puede, en los obstáculos, en lo que me impide o impedirá conseguir mi sueño, sino que únicamente voy a pensar en lo que sí *puedo hacer para tener éxito y en cómo puedo hacerlo."*

Desde este momento, tienes que trabajar con tu mente y, poco a poco, observando tu pensamiento, corrigiéndolo, tienes que enseñarle lo que esperas de ella, cómo quieres que piense, cómo puede ayudarte. Así, todo pensamiento que te haga dudar, que te desmotive, que te diga *no puedo* debe ser sustituido por un pensamiento que venga a decir *sí puedo.*

Debes repetir:

"Sólo me interesa pensar en lo que puedo hacer para acercarme poco a poco a mi sueño. Voy a ignorar todo cuanto no me ayude a conseguirlo."

Puedes crear un "mantra personal" y repetirlo mentalmente tantas veces como necesites hasta que se convierta en parte de ti y tu actitud mental. Además, debes comenzar a prestar atención sólo a aquellas personas que te animan a seguir adelante, que tienen una actitud optimista y que te muestran su apoyo. Donde quiera que vayas encontrarás personas pesimistas, siempre dispuestas a desanimarte y a quitarte las ganas: ¡evítalas! Debes protegerte a ti y a tus sueños de tales personas. Insisto: ignóralas y, mejor aún, evítalas tanto como te sea posible.

Hay muchas personas que intentan conseguir sus sueños y no lo consiguen porque, como decía, son *víctimas* de sus mentes en lugar de ser *directores*.

Ahora que sabes qué puedes hacer, ¡comienza a poner lo aprendido en práctica!

Deberemos buscar estimulación que nos ayude a desarrollar el estado psicológico y emocional que necesitamos (por ejemplo, escuchar música que nos anime o ver películas que nos transmitan el mensaje que necesitamos), como veremos en los próximos capítulos. Deberemos bloquear todo estímulo[2] que esté en contra de nuestros sueños, ya sea estímulos internos (pensamientos, imágenes mentales, etc.) o externos (personas, revistas, libros, TV o cualquier cosa que te diga que *no puedes*).

También puedes elegir pensar *cómo será tu vida cuando consigas tu sueño* en lugar de pensar *qué pasará si no lo consigues*. Haciendo lo primero conseguirás estar motivado para continuar: tu mente trabajará a tu favor. Así, cuando vengan los problemas, tendrás la energía y la motivación suficientes para afrontarlos y seguir adelante. Al contrario, haciendo lo segundo tu mente actuará en tu contra y,

---

[2] Un estímulo es un factor interno o externo capaz de provocar una reacción en una célula u organismo.

poco a poco, irá desmotivándote. A poco que surjan problemas, lo más probable es que abandones.

Recuerda: a la hora de diseñar el futuro que te gustaría crear, deja la razón a un lado. Ésta es una elección que podemos hacer conscientemente y un ejemplo de controlar nuestra mente, de disciplinarla.

Y no olvides que tu mente no puede pensar en un futuro prometedor y en un futuro desastroso al mismo tiempo. Por tanto, no dejes que sea tu mente quien elija cómo va a ser tu futuro. Tu futuro te pertenece a ti. ¡Es tu vida, tú elijes!

En palabras de David Henry Thoreau:

"Si uno avanza confiadamente en la dirección de sus sueños y deseos para llevar la vida que ha imaginado, se encontrará con un éxito inesperado".

1.8 Zona de confort

Imagino que muchos lectores estarán ya familiarizados con el concepto *zona de confort*. Si no es tu caso, la *zona de confort* se utiliza para definir aquellos apartados de tu vida (ideas, actitudes, situaciones, etc.) que ya conoces, que forman parte de tu rutina y que, sobre todo, no te intimidan o no te suponen ningún reto. Dentro de nuestra *zona de confort* nos sentimos cómodos y seguros: todo está bajo control. Incluso situaciones donde podemos sentirnos a disgusto (e.g. discutiendo con nuestra pareja, en un atasco, etc.) pueden formar parte de nuestra *zona de confort* porque son *más de lo mismo*, es decir, son situaciones que conocemos y, por tanto, sabemos cómo comportarnos y qué esperar de ellas.

Todas las personas tenemos nuestra *zona de confort*. En ella nos sentimos a gusto porque hemos desarrollado aquellas habilidades que nuestro día a día requiere de nosotros. Sólo lo imprevisto, lo que se escapa de nuestra rutina, de lo más o menos esperado, escapa de nuestra *zona de confort*, la cual puede ser muy grande o muy pequeña. Aunque al escuchar hablar de la *zona de confort* suele ser para referirse a partes de nuestra vida con las que estamos familiarizados (e.g. el trabajo, el deporte que uno practica, los restaurantes que uno frecuenta, etc.), lo cierto es que, en realidad, de lo que estamos hablando es de nuestro interior. Cuanto más terreno personal hayamos conquistado, mayor será nuestra *zona de confort*. Tanto los miedos como las inseguridades sólo existen dentro de uno mismo: fuera sólo hay peligros. Por eso, la *zona de confort* no es más que una proyección de nosotros mismos, de nuestro desarrollo personal. Por eso, una persona con un gran desarrollo personal tendrá a su vez una gran *zona de confort*, y viceversa. Probablemente, a lo largo de tu vida habrás encontrado personas que se sentían a gusto y seguras en un sinfín de situaciones, mientras que con otras personas ocurría justamente lo contrario. Insisto, la *zona de confort* es un reflejo de tu desarrollo personal. Cuantas más habilidades y experiencias distintas tengas, más a gusto y competente te sentirás en un número mayor de situaciones y mayor será tu *zona de confort*. Al contrario, cuantas menos habilidades hayas desarrollado a lo largo de tu vida y menos experiencias tengas, menor será tu *zona de confort* y menos competente y seguro te sentirás al salir de ésta.

A menudo se dice que viajar ayuda a crecer a nivel personal. Yo diría que, más que viajar, lo que ayuda a crecer es vivir en el extranjero. Estar expuesto a diferentes culturas sin poder evitar los contrastes culturales nos obliga a salir de nuestra zona de confort y a adaptarnos. En cierto modo, se trata de tener que *sufrir* ciertos aspectos de la nueva cultura, aquellos que difieran más con aquella de la cual procedemos. Se trata de exponerse a distintos modos de pensar y proceder, los cuales, al principio pueden resultar chocantes, pero que, poco a poco, se irán comprendiendo y, tal vez, aprehendiendo. Una persona que ha vivido en distintos países cuenta con distintos puntos de vista de cara a interpretar una misma situación. Además, también cuenta con diferentes modos de proceder. Las personas que viven toda su vida en un mismo país, sólo han estado expuestas a una misma mentalidad y tradición, a un mismo modo de comportarse, etc. y, por tanto, su repertorio de puntos de vista y modos de proceder es más limitado. Imagino que es por esta razón que deportistas de élite, unidades policiales, militares, etc., a menudo pasan temporadas en países extranjeros entrenando con los que son sus homólogos, en un intento de aprender a hacer las mismas cosas de distinta manera.

Si te paras a observar tu vida (y la de otras personas que conozcas), probablemente encuentres que durante un tiempo luchaste por tratar de conseguir cierta seguridad, estabilidad, comodidad, pero, tan pronto como lo conseguiste, tu lucha terminó: te acomodaste. Es paradójico cómo las personas, tratando de ser más felices, pasamos una buena parte de nuestras vidas luchando por encontrar cierta comodidad, estabilidad y seguridad pero, una vez lo logramos, en lugar de sentirnos más felices, a menudo ocurre lo contrario: nos sentimos más infelices que antes. La estabilidad sólo contribuye a nuestra felicidad si la utilizamos de forma inteligente, es decir, si continuamos exponiéndonos a retos, si nos forzamos a abandonar nuestra zona de confort. Si nos limitamos a acomodarnos y dejamos de luchar y de superarnos (como hacíamos antes de conseguir la estabilidad que tal vez disfrutemos hoy), tanto la infelicidad, como la insatisfacción personal no tardarán en volverse nuestras compañeras.

"¿Por qué ocurre esto?, ¿por qué me siento menos feliz si tengo una vida más cómoda, estable y segura?"

Todos somos diferentes. Algunas personas se sienten realmente felices cuando encuentran la estabilidad que buscaban. Partiendo de su afortunada situación, van a más: continúan poniéndose a prueba, buscan nuevos retos y no dejan de crecer. De este modo, se benefician de la seguridad que les proporciona tener cierta estabilidad y, como decía, usan ésta de una forma inteligente. Al contrario, otras personas se engañan a sí mismas diciéndose que son *muy felices* al poder disfrutar de tal estabilidad en sus vidas, aunque en realidad no lo sean; lo cierto es que la estabilidad y la comodidad les asfixia y que necesitan nuevos horizontes. Por supuesto, hay otras personas que, una vez alcanzada cierta seguridad, son capaces de acomodarse y vivir sus vidas felizmente, pero estas personas son menos numerosas. La mayoría necesita seguir creciendo, superarse e ir a más. No obstante, al reflexionar sobre esto, debemos considerar cómo ha vivido uno antes de alcanzar cierta estabilidad en su vida. Por ejemplo, cuando una persona que ha tenido grandes dificultades encuentra estabilidad y cierta seguridad, probablemente sea muy feliz puesto que, recordando los tiempos difíciles, otorga un gran valor a su situación actual. Al contrario, si una persona ha tenido siempre una vida fácil, al no conocer la dureza con que puede golpear la vida, es posible que más que sentirse agradecida por sus circunstancias, se sienta hastiada. Por otro lado, no es lo mismo conseguir esa estabilidad, esa seguridad de la que hablamos siendo joven que contando con cierta edad. De cualquier modo, insisto, al final todo depende de cómo cada persona interpreta su situación (lo cual, dicho sea de paso, es algo subjetivo y, en consecuencia, susceptible de ser modificado). Y por supuesto, recordemos que, lamentablemente, ¡algunas personas nunca llegan a alcanzar un grado saludable de estabilidad!

Aunque para muchos tener un trabajo estable y ahorros en el banco pueda parecer muy deseable, lo cierto es que una vez conseguido, la vida sigue. Ni una cosa ni la otra nos asegurarán la felicidad, aunque bien es cierto que nos ayudarán a tener una vida más cómoda. Pero, insisto: si no estás haciendo lo que te gustaría, si no estás creciendo, si no te expones a nuevos retos, no será suficiente. Es como si el ser humano estuviese programado para luchar, para enfrentarse a retos, para superar metas, no para sentarse a disfrutar de lo que tiene (por más que conseguirlo siente tan bien). Parece que tan pronto como estemos libres de problemas, nos sacamos algunos "de la manga". Sin importar lo bien que la estabilidad y la prosperidad pueda hacernos sentir en general, simplemente no suele ser suficiente. Salvando las diferencias, es parecido a lo que les ocurre a muchos animales que viven en confinamiento. Si observamos a animales que viven en un zoo, veremos que teniendo todo cuanto necesitan y disfrutando de un confort, estabilidad y seguridad que jamás alcanzarían siendo animales salvajes, parece que muchos desarrollan un ánimo depresivo, probablemente porque echen en falta un componente esencial: la libertad. Sin embargo, si observamos sus vidas con mayor atención, quizá veamos que también echen en falta la oportunidad de seguir sus instintos, de obedecer lo innato: buscar comida, refugio, seguridad, luchar por un territorio, etc... todo lo cual les viene ya dado. Pues bien, a las personas nos sucede algo parecido: algunas necesitamos ciertas dosis de incomodidad y de lucha para sentirnos vivos, pero, sobre todo, necesitamos libertad. La zona de confort que creamos alrededor de nuestras vidas actúa como la valla de un zoo, restringiendo nuestra libertad. Si no nos exponemos a situaciones desconocidas que nos incomoden, nos asusten, nos pongan nerviosos, situaciones que nos supongan un reto, al final terminaremos por acomodarnos y dejaremos de crecer a nivel personal.

Cuando perseguimos una meta, tenemos una razón por la cual levantarnos por la mañana, por la cual sacrificar ciertas cosas, si fuese necesario. Incluso si nuestras circunstancias actuales fuesen difíciles, al menos tendríamos un motivo por el cual quejarnos y por el cual luchar. Al contrario, si en nuestra vida todo es comodidad y seguridad, el hecho de no tener de qué quejarnos (objetivamente) hace que tendamos a dirigir la atención hacia nosotros mismos y comencemos a buscar problemas donde no los había. Es más, cuando luchamos por conseguir algo, inevitablemente deberemos enfrentarnos a problemas, a obstáculos que se interpondrán entre nosotros y nuestra meta, los cuales quedan fuera de nosotros y no dentro. Como resultado de este proceso, las personas dirigimos nuestra atención al exterior y, además, crecemos. Cuando una persona deja de luchar, deja de crecer, se estanca. Y cuando esto ocurre, a menudo, la infelicidad no tarda en volverse su compañera. Si no, considera la famosa pirámide de Maslow, la cual describe cinco tipos de necesidades: fisiológicas (e.g. comida), de seguridad (e.g. refugio), de afiliación (e.g. amor, amistad), de reconocimiento (e.g. estatus social) y, finalmente, lo que él llamó "necesidades de autorrealización", lo cual viene a ser desarrollo personal. Debemos pararnos a considerar el nombre que Maslow dio a la pirámide: "de necesidades". Queda claro que la pirámide constata cómo a las personas no nos basta con saciar ni las necesidades más básicas ni aquellas más complejas, sino que siempre queremos más. De algún modo, podría decirse que el ser humano es inconformista por naturaleza, que sólo se encuentra feliz "estando de camino" y no "habiendo llegado al destino". Es por esto que desarrollar una zona de confort y simplemente refugiarnos en ella suele contribuir a nuestra infelicidad.

¿Qué le pasa al agua de un lago si nunca se renueva?

El agua estancada comienza a ensuciarse, luego se pudre y, prácticamente, toda la vida que había en ella perece. Del mismo modo, las personas necesitamos abandonar nuestra *zona de confort* y buscar nuevas experiencias o retos que nos hagan renovar nuestro *lago interior*, si queremos mantenerlo limpio y con vida.

Perseguir nuestros sueños nos garantiza una cosa: tendremos que salir de nuestra *zona de confort* si queremos alcanzarlos, ya que nos resultará imposible conseguirlos sin salir de ésta. De hecho, las personas consiguen sus sueños únicamente en la medida en que cambian y crecen a nivel personal. Tu forma de ser presente te ha llevado a conseguir lo que tienes ahora. Tu vida es así en gran medida porque tú eres así. Si tú no cambias, tu vida probablemente cambiará, pero no en la dirección que tú elijas, sino según se tercien tus circunstancias. Para conseguir tus sueños, deberás cambiar. Si no cambias, te comportarás de la misma manera que hasta ahora y, por tanto, obtendrás resultados similares.

Al perseguir nuestros sueños, debemos preguntarnos:

"¿En qué tipo de persona debo convertirme?, ¿cómo son las personas que han conseguido lo que quiero conseguir?, ¿qué hacen, cómo se comportan?"

En cierto modo, se parece a cocinar un plato de comida. Si uno emplea los ingredientes recomendados en una receta y sigue los pasos adecuados, el resultado será el plato que queríamos cocinar. Si no tenemos los ingredientes necesarios, deberemos adquirirlos. Si no sabemos seguir los pasos, deberemos aprender. Y, sin duda, cuantas más veces lo intentemos, el resultado será más satisfactorio. Igualmente, si observamos a las personas que han conseguido lo que nosotros queremos conseguir, podremos saber cuáles son los *ingredientes* que ellos utilizaron y los pasos que siguieron. De este modo, podremos intentar seguir ese mismo camino hasta conseguir un resultado similar. Pero claro, para seguir sus pasos, deberemos también desarrollar las habilidades que ellos desarrollaron, es decir, deberemos cambiar y crecer a nivel personal.

Al final, se trata de un proceso en el cual uno se enriquece personalmente y, además, probablemente, acaba por conseguir aquello que se propone. Es más, saliendo de nuestra *zona de confort* abriremos la puerta a la ilusión, a lo desconocido, a la sorpresa, a la espontaneidad y a todas esas experiencias que mantienen a las personas vivas y felices, que nos hacen vibrar y hacen que la vida valga la pena. Perseguir tus sueños te garantizará una dosis del preciado *entusiasmo*.

Me gustaría hacerte una pregunta:

¿Cuándo fue la última vez que te sentiste entusiasmado? No contento o alegre, sino *entusiasmado*.

En muchos casos, los adultos tenemos que pensar durante unos minutos para encontrar el recuerdo de alguna experiencia ya lejana con la cual nos sentimos realmente entusiasmados. En ocasiones (¡más a menudo de lo que piensas!), algunas personas me han contestado que la última vez que se sintieron entusiasmadas fue hace más de un año. Por desgracia, he encontrado que, en muchos casos, la vida adulta y el entusiasmo parecen no ir cogidos de la mano. Pero esto no tiene por qué ser así. Lo que ocurre es que las personas nos acomodamos, nos desenvolvemos exclusivamente dentro de nuestra zona de confort y así erradicamos casi toda oportunidad de sentirnos entusiasmados por algo. ¿Por qué? Porque uno difícilmente se siente entusiasmado por algo que ya conoce, que forma parte de su rutina. Para entusiasmarnos, debemos exponernos a lo nuevo, a lo desconocido y, en ocasiones, a aquello que nos asusta.

Lo paradójico de todo esto es que, si nos sentimos entusiasmados por algo, nuestro entusiasmo se transferirá a las distintas áreas de nuestra vida, haciendo que veamos con mejores ojos partes de nuestra rutina que antes nos desagradaba. Igualmente, al sentirnos bajos de ánimo y motivación, nuestra desgana se extenderá por las distintas partes de nuestra vida, hasta el punto de que lo que antes nos satisfacía puede que ahora comience a no llenarnos plenamente. Por ejemplo, si dejamos nuestro trabajo y comenzamos en un nuevo empleo, en un campo diferente donde siempre quisimos trabajar, es probable que nuestro entusiasmo, nuestra alegría se extrapole también a nuestras relaciones personales. Del mismo modo, si no nos gusta nuestro trabajo, nos resultará casi imposible librarnos de la infelicidad que éste nos produce y, muy probablemente, indirectamente, el resto de áreas de nuestra vida se vean negativamente afectadas.

Por tanto, no debemos subestimar el impacto que puede tener en nuestra vida el hecho de obligarnos a abandonar nuestra *zona de confort* en busca de nuevas experiencias. Incluso cuando la mayoría de tu vida siga igual, a poco que tú te sientas más animado o feliz, tu interpretación de tu vida cambiará. En general, la verás de forma más positiva. Básicamente, como decíamos antes, se trata de *renovar nuestro lago interior.*

Recuerda: el único mundo que existe para cada uno de nosotros es aquel que pasa a través de nuestra conciencia. De modo que, aunque el mundo siga igual, con un renovado entusiasmo lo verás de una manera más feliz.

1.9 Miedo como motivación

Como hemos visto, las personas necesitamos romper nuestra rutina para sentirnos vivas, felices. Lo que ocurre es que no es la curiosidad por lo desconocido lo que suele motivar nuestro comportamiento, sino el miedo. Motivados por el miedo, nos resulta muy difícil dejar atrás la comodidad y seguridad de lo que conocemos para aventurarnos en terrenos que nos son desconocidos. Con el miedo como trasfondo, encontramos acertados dichos populares como éste:

"Más vale malo conocido que bueno por conocer".

El miedo hace que tratemos de controlar todo cuanto podamos en nuestras vidas, pero, al hacerlo, al tratar de tener nuestra existencia bajo control (y tratar de evitar así posibles males que imaginamos), sin darnos cuenta, las personas creamos una prisión de la que nosotros mismos somos prisioneros. Esta prisión es nuestra rutina; y nuestra rutina (la cual se desenvuelve dentro de nuestra *zona de confort*) forma nuestra vida. El miedo hace que nuestra rutina acapare cada vez más una mayor parte de nuestro tiempo, que nuestros días sean cada vez más parecidos y rutinarios. Conforme nos acostumbramos a nuestra rutina, a lo que conocemos y nos sentimos cómodos en ella, vamos perdiendo la costumbre de exponernos a lo desconocido o, incluso, a lo meramente espontáneo, a aquello que no hayamos planeado. Por consiguiente, cuanto menos nos exponemos a nueva estimulación, más inseguros e incómodos nos sentimos al encontrarla.

Como decía antes, las personas necesitamos estimulación en forma de retos, problemas, dificultades, etc. que pongan a prueba nuestras habilidades y nos fuercen a crecer a nivel personal, a la vez que revelan nuestra valía personal. En la medida en que nos refugiamos en nuestra zona de confort, las personas comenzamos a sentirnos cada vez más inseguras y miedosas. Si no abandonamos nuestra seguridad y nos limitamos a operar exclusivamente dentro de los límites de lo que conocemos, es normal que cada vez nos cueste más cruzar esa *línea psicológica* que separa lo que creemos tener bajo control, de lo que se nos escapa de las manos; lo conocido, de lo desconocido. Además, al carecer de nueva estimulación, no sólo nos será imposible desarrollar nuevas habilidades, sino aún peor: aquellas habilidades que tenemos se irán deteriorando progresivamente por falta de uso.

Y mientras la vida sigue, o bien caminamos cogidos de su mano, creciendo y superándonos, o bien nos quedaremos atrás, aislados en nuestra "prisión", dejando que la vida nos adelante. Rechazando toda situación que desconozcamos, que nos suponga un reto o un esfuerzo superior al que estemos acostumbrados a realizar, rechazaremos también oportunidades de crecer y de desarrollarnos. Así, en lugar de enfrentarnos a nuestros miedos, los reforzaremos; en lugar de superarlos y hacernos más fuertes, los acrecentaremos y nos haremos más débiles. De este modo, protegidos en nuestra pequeña zona de confort, creando miedos e inseguridades a la vez que vamos perdiendo la confianza en nosotros mismos, acabaremos cuestionando nuestra habilidad para afrontar la vida o lo que es peor, para disfrutarla.

Como resultado, lo que al principio parecía tan deseable (seguridad, estabilidad, etc.), a veces, llega a convertirse en nuestra principal fuente de insatisfacción. No obstante, como veíamos antes, no es el hecho de poder disfrutar de circunstancias favorables lo que hace que nos estanquemos o desmotivemos, sino el *uso que hagamos de dichas circunstancias.* Por eso, te animo a que intentes liberarte de tus miedos, ya que en su mayoría sólo sirven para entorpecer tu desarrollo y mermar tu satisfacción vital.

Lo ideal es que reflexiones sobre cuáles son tus miedos y elabores una lista detallada de estos. Después, establece una jerarquía y, comenzando por aquello que te produzca menos miedo y terminando por lo que más, gradualmente, afronta un miedo tras otro de tu lista. Así, poco a poco, irás desarrollando confianza en ti mismo y ampliando tu zona de confort, de modo que no sólo no te estancarás, sino que seguirás creciendo como persona a la vez que experimentarás unas renovadas ganas de vivir. En lugar de dejar que tus miedos tengan un gran impacto negativo en tu vida, conviértelos en una gran motivación para avanzar y superarte. ¡Sal de tu zona de confort y, gradualmente, afronta tus miedos!

Sean cuales sean tus circunstancias, espero que tu deseo por perseguir tus sueños sea mayor que tus miedos. Espero que logres romper tu rutina y comiences a conocer nuevas cosas, situaciones o personas que te acerquen poco a poco a tu objetivo. Siempre digo que el mayor premio que uno puede obtener al perseguir sus sueños no es el fin en sí mismo, sino las experiencias y los recuerdos que tendremos al final del camino. ¡Esa será tu mayor recompensa! Como C. R. Rogers[3] dijo de forma tan acertada:

"La vida plena es un proceso, no una situación estática. Es una orientación, no un destino".

Por tanto, cuando te plantees perseguir tus sueños, no sólo consideres qué puedes conseguir al llegar al final, sino qué habrás conseguido durante el camino y en qué persona te habrás convertido.

Por eso, cuando algunas personas (motivadas por el miedo) me preguntan:

"¿Y si después de tanto sacrificio no lo consigo?"

Yo les digo:

"Las personas que persiguen sus sueños no se sacrifican, sino que dan sentido a sus vidas".

En otras palabras: A las personas las definen sus sueños.

---

[3] C. R. Rogers, *El proceso de convertirse en persona*.

Recuerda: se trata de ser *director* y no *víctima* de tu mente. Debes *educar* a tu mente para que piense como tú quieres, de modo que te ayude a conseguir lo que te propongas. Y no olvides que la información que tu mente te transmite ¡es un reflejo de cómo tú interpretas tus circunstancias!

- Tú no eres tu mente. Tu mente es una herramienta que trabaja para ti. Tú eres el *director* de tu mente.

- Puedes ignorar los pensamientos que no te gustan pensando activamente en otra cosa. La mente no puede mantener dos pensamientos opuestos al mismo tiempo, de modo que, ¡elige bien lo que piensas!

- Eligiendo qué pensar y qué ignorar irás educando tu mente y le irás mostrando qué tipo de pensamientos debe ofrecerte. ¡Sé director y no víctima de tu mente!

- No te estanques. Una forma rápida y efectiva de encontrar insatisfacción en la vida es desarrollar una zona de confort y no salir jamás de ella. ¡Exponte a situaciones nuevas!, ¡busca nuevos retos!, ¡no evites tus miedos, enfréntate a ellos!

PARTE II
LAS EMOCIONES

2. Aprendiendo a regularnos

Pensamientos y emociones van siempre unidos. Son las dos caras de una misma moneda. Cuando hablamos de pensamientos, indirectamente, hablamos también de emociones. Tu estado emocional depende en gran parte de los pensamientos que rondan tu conciencia. A su vez, tu estado psicológico se ve afectado por tus emociones. Es decir, ciertos estados psicológicos conllevan ciertos estados emocionales y viceversa. Por ejemplo, cuando nos sentimos contentos, es más probable tener una autocharla *positiva* que cuando estamos tristes. Del mismo modo, cuando tenemos una autocharla positiva, es más probable que nos sintamos a gusto que cuando tenemos una autocharla *negativa*. A veces, lo que pensamos provoca un estado emocional determinado y, en otras ocasiones, es lo que sentimos lo que provoca un estado psicológico dado. Pensamientos y emociones navegan juntos en el mismo bote. Unas veces es uno quien coge el timón, otras veces es el otro, pero lo que hace uno, afecta al otro[4].

Estos cambios (tanto a nivel psicológico como emocional) pueden ocurrir de forma repentina y durar segundos, como también ir desarrollándose poco a poco y permanecer en el tiempo. Por supuesto, todo esto varía dependiendo de cada persona (de cómo interpreta su realidad), pero, sin duda, todos procesamos primero la información (aquello que percibimos) y luego tenemos una respuesta emocional. Por ejemplo, si una persona nos aporta cumplidos de algún tipo, lo normal es que respondamos sintiéndonos bien en ese mismo instante:

---

[4] Para una visión técnica y mucho más profunda al respecto, remito al lector a: A. Damasio's *"Self Comes to Mind: Constructing the Conscious Brain*, Pantheon, 2010".

- "¡Hoy tienes muy buen aspecto!"

- "¡Ese color te queda muy bien!"

- "¡Qué gran trabajo hiciste la semana pasada!"

Del mismo modo, en caso de recibir un comentario negativo, lo normal es que experimentemos una respuesta negativa:

- "¡Qué mal aspecto tienes hoy!"

- "¡Ese color te queda fatal!"

- "¡Qué trabajo más precario hiciste la semana pasada!"

En ambos casos, el cerebro procesa la información y luego responde haciendo que nos sintamos bien o mal, según interpretemos la situación.

Ahora, imaginemos por ejemplo una persona desempleada. Incluso si al principio mantenía una actitud positiva ("Seguro que encuentro trabajo"), lo más probable es que, en la medida en que van pasando los días y los meses, esta persona vaya perdiendo poco a poco la esperanza. En una situación como ésta, es probable que su autocharla se torne negativa y, si la persona no hace nada por cambiarla, ésta puede llegar a sumirla en un estado ansioso, depresivo o ambas cosas.

En otras ocasiones, son las emociones las que ocurren primero, las que nos sobrecogen y modifican nuestro estado psicológico, mayormente como resultado de procesos regulatorios del organismo (i.e. homeostasis), pero también, en casos donde, en lugar de *actuar*, *reaccionamos* (como cuando algo repentino o inesperado ocurre). Por ejemplo, cuando tenemos hambre, sed, cansancio, sueño, las personas solemos mostrarnos más negativas, irritables, difíciles, etc. Tan pronto como la necesidad fisiológica es saciada, el estado psicológico vuelve a la normalidad.

Las personas contamos con cierto nivel de *activación* (tanto a nivel psicológico como emocional y conductual), ya sea en reposo o realizando actividades, el cual fluctúa durante el día. Es decir, conforme van pasando las horas y según lo que estemos haciendo, nos sentiremos más o menos nerviosos o tranquilos, nuestra mente estará más o menos agitada y, como consecuencia, nuestra conducta se verá igualmente afectada (estaremos más o menos quietos, hablaremos más o menos alto, etc.).

El mecanismo por el cual los pensamientos afectan a las emociones y viceversa es como un bucle, un "mecanismo de retroalimentación". Según sean los pensamientos que mantengamos en nuestra conciencia a lo largo del día, nuestro estado emocional variará, inclinándose hacia un lado u otro, es decir, haciendo que nos activemos más o menos. Ten en cuenta que el estado psicológico y emocional de cada persona es un reflejo de su activación. Por ejemplo, si comenzamos a pensar sobre nuestro futuro y lo hacemos de forma positiva, al cabo de un tiempo (que difiere según cada persona), lo más probable es que nos sintamos más felices y entusiasmados que antes de empezar. Cuando nos sentimos así, es más fácil generar más pensamientos positivos que, a su vez, afectarán a nuestro estado emocional de forma positiva, lo cual incurrirá nuevamente en nuestro estado psicológico, ya que como hemos visto, el uno afecta al otro. Ocurre lo mismo, pero con resultados negativos, cuando mantenemos pensamientos deprimentes, tristes o negativos en nuestra conciencia. Como digo, es un bucle que se retroalimenta.

Dependiendo de la actividad que vayamos a realizar, existe una *activación óptima*, que no sea ni mucho ni poco, sino la adecuada. Esto es así debido a que nuestro estado psicológico y emocional provocan un efecto positivo, neutro o negativo en nuestro comportamiento, en cómo desarrollamos determinadas actividades. Por ejemplo, imagina una pareja viendo una película de miedo en casa: puede que un cónyuge se asuste y se ponga nervioso, mientras que el otro se quede dormido. Ni el uno ni el otro están disfrutando de la película, ya que uno está sobreactivado y al otro le falta activación.

Imagina que vas a dar una presentación en tu trabajo o a un público relevante (lo cual es una situación altamente estresante para algunas personas). Estando nerviosos o ansiosos puede resultarnos difícil recordar el guion que habíamos preparado, mantener un buen paso en nuestro discurso o tener un tono de voz apropiado. Del mismo modo, no se requiere la misma activación para sentarse a escuchar una conferencia que para impartirla. Si cuando estamos escuchando una conferencia tenemos la activación que se necesita para impartirla, lo más seguro es que nos sintamos inquietos y que nos cueste seguir la exposición relajadamente. Al contrario, si tratamos de impartir una conferencia con la activación que requiere el escucharla, probablemente no consigamos llegar a nuestra audiencia, ya que apareceremos sin energía, demasiado relajados. De modo que, para sentirnos a gusto o para dar el máximo de nosotros mismos en cada situación, debemos aprender a regular nuestra activación (debemos aprender a *regularnos*).

2.1 ¿Y qué es eso de regularse?

Como se dice en psicología, *autorregularse* es simplemente encontrar ese punto óptimo de activación que en unas situaciones nos ayuda a sentirnos bien con nosotros mismos, mientras que en otras facilita que podamos rendir al máximo. Dicho de forma coloquial, sería un "ni mucho ni poco", ni sentirnos nerviosos ni adormilados. En general, dependiendo de cómo sean nuestras circunstancias presentes y, en consecuencia, de los pensamientos que pasen por nuestra conciencia y de cómo nos sintamos, así será nuestro grado de activación[5].

Por ejemplo, uno de mis clientes es piloto de carreras de coches (Álvaro Fontes). Conducir un coche de carreras, incluso estando acostumbrado, es una actividad estresante, que requiere un elevado y constante grado de concentración. Hay que tener en cuenta que conducir un coche de carreras no sólo implica el riesgo de desplazarse a velocidades elevadas, sino que los pilotos están también expuestos a distintas incomodidades, como temperaturas elevadas, fuerzas G, dureza o incomodidad del asiento y de la suspensión, o el mero hecho de que los frenos o la dirección puedan requerir un grado de fuerza notorio para accionarlos. Junto, todo esto provoca estrés hasta al piloto más experimentado. Imagina que, además, te empieza a doler la espalda (debido a la incomodidad de la posición al volante y del coche en general) cuando aún te queda media hora para terminar la carrera. ¿Y qué suele ocurrir cuando nos duele algo? Que nuestra mente no deja de recordárnoslo. En este caso, *"me duele la espalda, me duele la espalda"*. Conduciendo un coche de carreras a velocidades

---

[5] En psicología, al grado de activación psicológico y fisiológico se le llama arousal.

elevadas, un menor fallo de concentración puede ser fatal. En tales circunstancias, ¿no te resultaría más difícil concentrarte y mantener la concentración? Si dejamos que los pensamientos nos sobrecojan, al final, terminarán por afectar en mucho nuestra activación. En el caso de un piloto de carreras, eso puede significar un abandono (¡o un accidente!), en caso de no lograr sobreponerse y dar lo mejor de sí mismo hasta el final.

Cuando escribía estas líneas[6], Álvaro estaba compitiendo en la "Radical Euroseries" (donde se compite por equipos). Durante una de nuestras sesiones, Álvaro me contó la presión a la que se vio sometido durante la última carrera de la temporada. El compañero de equipo de Álvaro había llevado el coche hasta la primera posición en su turno y ahora le tocaba conducir a él. Le pregunté qué se le pasaba por la cabeza mientras esperaba su turno y cómo se sentía:

"¡Imagínate!", me contestó. "Ya no es sólo que los pilotos siempre queramos ganar o hacerlo mejor que el compañero de equipo, sino que, además, era la última carrera de la temporada, así que era importante hacerlo bien de cara a terminar con buenas sensaciones. Los buenos resultados no sólo se traducen en mejores patrocinios, sino en la participación en mejores eventos ¡y en una mejor reputación!, así que sentía mucha presión".

Luego le pregunté si podía darme algún ejemplo de cómo era su autocharla en ese momento. Me dijo cosas parecidas a las siguientes:

---

[6] Durante la preparación de la segunda edición de mi libro, Álvaro comenzó a competir en la "Michelin Le Mans Cup", categoría "LMP3".

- "Como no lo haga bien, dejaré una mala impresión en mis patrocinadores, justo al final de la temporada".

- "Si no mantengo la primera posición, voy a decepcionar al equipo".

- "Si no ganamos por mi culpa, voy a sentirme fatal".

Tener pensamientos como estos rondando por nuestra mente justo antes de salir a competir sólo puede ponernos nerviosos y desconcentrarnos. Este no es el momento apropiado para pensar en lo que pueda o no pasar: es momento de concentrarse y hacerlo lo mejor posible. Así que pregunté a Álvaro si trató de regularse y me dijo:

"Entonces me di cuenta de que pensando todo esto me estaba poniendo muy nervioso, así que me puse a visualizar la carrera vuelta a vuelta y a decirme cosas como: *¡Vamos, tú puedes! Cuando subas a ese coche, te vas olvidar de todo y vas a dar el máximo, ¡como siempre! ¡Olvida todo lo demás!, ¡lo único que importa ahora es conducir al máximo!* Tan pronto como me subí al coche, fui capaz de concentrarme y conducir a tope".

Si pensamos en lo que hemos visto anteriormente (i.e. cómo pensamientos y emociones se afectan recíprocamente y cómo estos determinan nuestro nivel de activación), es fácil entender cómo la presión de la situación descrita por Álvaro, sin duda debió afectar negativamente su rendimiento. Sin embargo, siendo consciente de esto, Álvaro reguló su autocharla y simplemente se concentró en dar lo mejor conduciendo. En este caso, su respuesta resultó ser la adecuada para terminar la carrera con éxito.

2.2 Relación entre un deportista de alto rendimiento y tú

"¿Y qué tendrá que ver un piloto de carreras y todo esto de regularse conmigo?", puede que te preguntes.

Entiendo que tal vez pueda parecerte que el ejemplo de Álvaro o simplemente la idea de autorregularse no tengan mucho que ver contigo. Sin embargo, lo que quiero que entiendas es bien simple: el mecanismo psicológico que pone nervioso o ansioso a un piloto de carreras (o a cualquier deportista de élite) y que hace que no rinda al cien por cien funciona de la misma manera en ti. Lo que un piloto puede hacer para regularse es lo mismo que puedes hacer tú. Es decir, da igual que nos enfrentemos a la presión de una carrera, a la presión de presentar nuestro proyecto a un grupo de inversores o incluso a la presión que supone ir a una entrevista de trabajo cuando estamos desempleados. Para las distintas personas cada situación es estresante a su manera. La presión que siente un piloto de carreras pensando que no va a poder negociar bien la próxima temporada con sus patrocinadores es bien parecida a la que siente, por ejemplo, un representante de ventas que tiene la última reunión para cerrar un gran acuerdo. Da igual la importancia "objetiva" que tenga un evento o situación; da igual que lo que esté en juego sea un título mundial o un puesto de trabajo: lo único que es relevante *es cuánto te importa a ti*. De modo que, ya esté en juego ganar un oro olímpico o superar el último examen de la carrera, lo que cuenta es qué importancia tiene una situación determinada para ti. Normalmente, cuanto más hay en juego, cuanto más necesitamos rendir al cien por cien, más fácil es que nuestros nervios nos traicionen. Es por esto que considero que, de cara a tener éxito, aprender a regularse juega un papel crucial en tu vida.

Si vas a perseguir tus sueños, te verás puesto a prueba en muchas ocasiones, incluso por ti mismo. Tal vez tengas que venderle tu idea a alguna compañía o convencer a un inversor de que tu proyecto funcionará. Quizá simplemente debas superar tus propias dudas y vencer tus propias resistencias internas. Es más, te aseguro que no te faltarán días en los cuales todo te parecerá imposible y te sientas tentado a abandonar, a tirar la toalla y a probar otra cosa. Si entiendes cómo funcionan tu mente y tus emociones y qué puedes hacer para mantener la cabeza fría en las situaciones que más lo necesitas, si conoces qué puedes hacer para escapar de estados psicológicos negativos, si sabes qué hacer para motivarte, te será más fácil alcanzar el éxito. Por eso, te animo a que aprendas a regularte.

2.3 Tu cerebro no atiende a tus razones

Déjame contarte el papel que juega tu cerebro en esto de regularse. Para presentar el tema de forma divertida y restarle seriedad al asunto, te diré lo que suelo decirle a mis clientes:

Tu cerebro es una especie de vago que está sentado dentro de tu cabeza sin prestar demasiada atención a tu vida. A tu cerebro no le importan ni tus razones ni tus objetivos ni tus sueños ni siquiera tu felicidad. Le da lo mismo si vas a trabajar, que si vuelves. No le importa si te lo pasaste muy bien con tu pareja o si disfrutaste mucho de ir a un concierto. Nada de eso le llama la atención. La misión principal de tu cerebro es mantenerte con vida, protegerte. Por tanto, todo cuanto amenace tu existencia debe ser evitado.

Ahora bien, en el momento en que le hagas creer (mediante tu autocharla) que puede haber o hay un peligro (ya sea un problema real o imaginario), tu cerebro se incorpora y presta toda su atención:

"¿He escuchado peligro?"

Lo que a tu cerebro no le da igual es si tu puesto de trabajo está en peligro; si surge una discusión con tu pareja o si el concierto ha acabado tarde, es de noche y tienes que volver a casa solo. En el momento en que algo puede suponer un riesgo para tu persona, entonces el cerebro se torna un trabajador muy duro que no toma descansos.

Para estas situaciones, tu cerebro dispone de un mecanismo para defenderte tan efectivo como primitivo: el miedo. Mediante éste, tu cerebro consigue paralizarte o activarte, tratando así de evitar posibles peligros. Ahora bien, el cerebro no distingue entre peligros reales o imaginarios; entre lo que es o lo que puede ser; entre estímulos internos o externos. Es por esto que su respuesta depende de tu percepción de la situación. Si percibes una situación como "peligrosa" y no haces nada para modificar tu evaluación de la misma, para ofrecer a tu cerebro una segunda lectura de ésta usando tu autocharla (e.g. *"No es tanto como parece, todo saldrá bien"*), probablemente, la respuesta de "lucha o huida"[7] será desencadenada en un intento por parte de tu cerebro de protegerte.

A la hora de perseguir tus sueños, opera el mismo mecanismo. Cuando encuentras una situación difícil o un gran reto, tener un *sí puedo* en mente ayudará a tu cerebro

---

[7] En inglés, "fight or flight response". Término acuñado por W. B. Cannon.

a entender que todo está bajo control y no hay nada que temer: tu vida no corre peligro. Si no envías señales a tu cerebro que pueden ser (¡y serán!) interpretadas como peligro, éste seguirá *vagueando* dentro de tu cabeza y te dejará en paz. Al contrario, si tienes dudas sobre el futuro y piensas que *no puedes*; si tu lectura de la situación hace creer a tu cerebro que un posible peligro está de camino, éste se tomará la situación muy en serio y se pondrá en *estado de alerta* (lo cual sucede cuando comenzamos a estresarnos). Y si tus pensamientos continúan en esta dirección, tu cerebro se verá obligado a activar lo que yo llamo *la señal de alarma*: la respuesta de lucha o huida. Dependiendo de la situación y de lo que tu cerebro crea que es más conveniente, la respuesta de ansiedad tomará el control de la situación y te inhibirá o te sobreactivará. Es decir, o bien te inhibirá y te impedirá hacer algo que "en principio" podría acarrearte problemas, o bien te sobreactivará, con la intención de prepararte para afrontar los posibles peligros que parecen yacer en tu camino. En ambos casos, independientemente de lo que termines haciendo, seguramente lo harás en un estado de activación subóptimo, sintiéndote incómodo (puesto que tu estado de activación no se ajustará al requerido por la situación en cuestión).

A modo de ejemplo, veamos lo que le sucedió a Álvaro en otra de las carreras. Según nos cuenta él mismo: "Fue en las '24 Horas de Montmeló', junto con José Manuel de los Milagros y Jorge Lorenzo. Era un día muy caluroso; dentro del coche hacía un calor insoportable. Había que beber constantemente, pero el *camelbak* se rompió, así que no podía". Álvaro comenzó a sentirse más y más acalorado, "El calor era insoportable. Tenía la boca completamente seca ¡y todavía me quedaba un montón de vueltas que dar! Comencé a pensar que tenía que entrar en boxes y decir adiós a ganar la carrera, ¡o me iba a dar un desmayo!" En su lugar, queriendo ganar y negándose a abandonar, Álvaro decidió continuar en pista. Pero entonces, ocurrió algo peor: "De repente, empecé a sentirme muy incómodo, angustiado. Tenía miedo de desmayarme y tener un accidente. Mi corazón comenzó a latir muy deprisa. Empecé a notar un frio sudor en mi frente… ¡congelado! Entonces, decidí respirar profundamente y decirme, *una vuelta más, puedo dar una vuelta más, no va a pasarme nada, tengo el control*". Gradualmente, Álvaro consiguió reducir su nivel de ansiedad y comenzó a tener mejores sensaciones (¡incluso las personas más experimentadas pueden tener un mal día! Lo que importa es cómo respondemos a éste). Controlando su autocharla y su respiración consiguió sobreponerse y terminar la carrera, ¡finalizando en primera posición! El calor sofocante continuó, no podía hidratarse, pero Álvaro logro responder a la situación como el gran profesional que es: regulándose.

Tu cerebro no ve la situación de la misma forma que tú. No le pidas que se tome las cosas con calma, porque no lo hará. Su misión es protegerte y si tu autocharla le alerta de algún modo (directa o indirectamente) de una posible amenaza o peligro (e.g. imaginando un futuro negro, dudando de tu capacidad para hacer frente a una situación, o manteniendo pensamientos negativos de diversa índole), activará la *señal de alarma* (como veremos más adelante) y te bloqueará (o sobreactivará) en su intento por mantenerte a salvo. A tu cerebro no le importan tus razones, sólo quiere saber si tu vida corre peligro o no:

"¿Hay peligro o no?, ¿disparo la señal de alarma o no?"

De este modo, intentará que evites la situación de peligro (paralizándote) o que estés más preparado para afrontarla (sobreactivándote). Tu cerebro sabe que el miedo te paraliza, de modo que te puede mantener a salvo evitando que te expongas a la situación de peligro potencial. También sabe que, si el miedo no te paraliza, lo hará la ansiedad: para evitar el malestar que produce la respuesta de ansiedad, evitarás aquello que la está provocando. Ni por un instante pretendas que tu cerebro entienda racionalmente que sólo estás preocupado pensando en una posible situación, que simplemente se trata de un caso hipotético que puede o no darse en el futuro.

Por ejemplo, digamos que no te sientes cómodo hablando en público. En estos casos suele ocurrir que días antes (¡tal vez semanas!) comiences a anticipar el momento *no deseado* en el cual tendrás que hablar en público (e.g. una presentación). Sin darte cuenta, con tu autocharla, estarás diciéndole a tu cerebro que una situación "peligrosa" se avecina. Tu cerebro ni entiende de presentaciones ni va a hacer por entenderlo. Tampoco entiende que para ti es importante hacer bien esa presentación, que es bueno para tu carrera profesional, etc. Si mientras anticipas la presentación (o cualquier otra situación que te resulte aversiva) la imaginas con aprehensión, tu cerebro entenderá que tu vida corre peligro y activará el *estado de alerta* (que es cuando tú comenzarás a sentirte ansioso).

Llega el día, llega el momento. Llevas cierto tiempo imaginando cosas terribles que pueden pasar mientras das tu presentación:

- El micrófono deja de funcionar.

- Las personas notan que estás nervioso.

- Se te olvida el guion de tu presentación.

Tu autocharla ha estado alimentando tu imaginación:

- *"¿Y qué hago si el micrófono deja de funcionar?"*

- *"¡La gente va a notar que estoy muy nervioso!, ¡van a pensar que no estoy preparado!"*

- *"¿Qué voy a hacer si se me olvida el guion?, ¡a mí no se me da bien improvisar!"*

Traducido al lenguaje que entiende tu cerebro, todo esto no es más que una cosa: tu vida corre peligro. Por tanto:

"¡Hay que disparar la señal de alarma!"

Como veíamos antes, con esto tu cerebro pretende dos cosas:

1. Evitar la situación: te sientes tan mal (debido a la respuesta de ansiedad) que simplemente no puedes hacer la presentación. ¿Te das cuenta? Tu cerebro te ha "rescatado del peligro".
2. Prepararte para la situación: por más que la ansiedad te haga sentirte incómodo, la sobreactivación te ayudará a afrontar la situación (e.g. mejorará tu concentración) o... ¡te ayudará a "huir del peligro corriendo"!

2.4 Metáfora del fuego y los troncos de leña

Si quieres aprender a regularte y así evitar que tu mente y tus emociones puedan suponer un obstáculo entre tu objetivo y tú, te será útil entender lo que yo llamo la "metáfora del fuego y los troncos de leña". A partir de ahora, cuando hable de pensamientos quiero que imagines troncos de leña. Por fuego debes entender tanto tu estado psicológico como emocional en su conjunto.

Como sabes, hay distintos tipos de leña: la que arde muy rápido, la que arde más lento, etc. Dependiendo del tipo de leña que añadamos al fuego, éste prenderá de forma constante, se avivará o disminuirá su intensidad. En nuestra mente ocurre algo parecido: los pensamientos tienen la capacidad de alterar nuestro estado emocional, al igual que los troncos de leña tienen la capacidad de modificar un fuego. Hay pensamientos que actúan como ese tipo de leña que aviva el fuego muy rápidamente (te sobreactivan) y hay pensamientos que funcionan como esa leña que no prende (te desmotivan).

Si tu autocharla consiste en pensamientos negativos, tu estado emocional se verá afectado en consecuencia. Por ejemplo, si te pones a pensar o recordar cosas tristes, antes o después, tu ánimo se vendrá abajo. Si, en cambio, comienzas a anticipar problemas o situaciones que preferirías evitar, comenzaras a activarte más de la cuenta. ¿Por qué? Porque ese tipo de pensamientos te estresarán (y tu cerebro los percibirá como una amenaza), con lo cual el fuego se avivará más de lo necesario. Cuantos más pensamientos negativos añadimos al fuego, más crece éste (y nuestra ansiedad). Y lo que es peor, cuanto más avivado está el fuego, más pensamientos negativos aparecerán en nuestra conciencia. Es decir, cuando sentimos un grado mayor de ansiedad de lo normal, nuestro pensamiento se torna negativo. Y cuanto más negativo, más elevada será nuestra ansiedad. De nuevo, se trata de ese bucle que se retroalimenta del que hablábamos al principio del capítulo.

La ansiedad es una respuesta regulada por el cerebro. Sirve para activar tu organismo, de modo que pueda responder de forma efectiva a demandas o amenazas de tu entorno. La respuesta de ansiedad *afina* nuestros sentidos, haciéndonos más conscientes de todo cuanto ocurre frente a nosotros, mejorando nuestra memoria y capacidad de atención. Cuando se presenta *en la situación y niveles adecuados*, es algo positivo (aunque a veces no lo percibamos así). La respuesta de ansiedad puede activarse para prepararte de cara a realizar una tarea que requiera de mayor activación (ya sea una presentación en público o una entrevista laboral). Por ejemplo, la ansiedad te dará la energía necesaria para alzar la voz si hablas a un público, o para estar más alerta y preparado para responder a las posibles preguntas de una entrevista. El problema estriba en que, a veces, aunque la respuesta de ansiedad se active para ayudarnos, nosotros la percibimos como algo aversivo y, al observar cómo nos sentimos y no entender por qué, solemos reaccionar con miedo. Con esto sólo conseguimos *avivar más el fuego*, haciendo que la ansiedad crezca, ya que el miedo es un mensaje muy poderoso para nuestro cerebro, que viene a decir que "algo va mal". A nuestro cerebro no le queda otra que "prepararnos aún más", es decir, ¡aumentar la ansiedad! Por tanto, respondiendo a la respuesta de ansiedad con miedo, lo único que conseguimos es empeorar una situación que, en principio, estaba bajo control (como le pasó a Álvaro en el ejemplo que mencionamos antes). Si no entendemos y nos familiarizamos con la respuesta de ansiedad, en momentos como estos es normal tener pensamientos como los siguientes:

- *"¿Qué me está pasando?"*

- *"¿Voy a volverme loco?"*

- *"Creo que voy a perder el control".*

Nuestra forma de interpretar la situación y nuestra autocharla hacen que la ansiedad se dispare; lo que antes era beneficioso, ahora deja de serlo. Nuestro cerebro nos escucha y entiende que hay más peligro del que pensaba, por lo que nos activa aún más para que estemos bien preparados. Es ahora cuando comenzamos a sentir los síntomas típicos de un estado de ansiedad elevado, como opresión en el pecho, falta de aire, sobreactivación mental, etc. Por eso, es muy importante familiarizarse con los síntomas de la ansiedad para que no nos sorprendan, sino más bien lo contrario, para que nos sintamos cómodos con ellos y podamos pensar:

"Estupendo, mi cerebro me está preparando para que pueda realizar mejor esta tarea".

Pensamientos de este tipo tendrán un efecto positivo sobre nuestro estado psicológico/emocional. En lugar de asustarnos de la respuesta de ansiedad, le damos la bienvenida, porque entendemos que está ahí para ayudarnos. Suele ser de gran ayuda recordar que, salvo que estemos afectados del corazón (y debamos evitar que la ansiedad dispare nuestro ritmo cardíaco), a unas muy malas, todo lo que la ansiedad puede conseguir es que nos desmayemos, lo cual suele tener un efecto muy relajante (el desmayo suele actuar como cuando "reseteamos un ordenador", es decir, como si comenzásemos de nuevo). Por tanto: ¡no hay nada que temer! Y en caso de que la ansiedad se presente de forma inesperada, podemos decirnos:

"Ya está aquí la ansiedad. Bueno... igual que ha llegado, se irá, como ocurre siempre. Sí, es incómodo, pero ya sé que, a unas malas, lo único que puede pasarme es que me desmaye... ¡y seguidamente me despierte como nuevo!"

Pensamientos de este tipo nos ayudarán a mantener la ansiedad en un nivel moderado, lo cual sólo tendrá un efecto positivo sobre nosotros.

Piensa en el caso que vimos antes, de la persona que iba a dar una presentación. Su autocharla estaba cargada de pensamientos poco apropiados de cara a la situación. De este modo, lo único que conseguimos es añadir troncos de leña al fuego y avivarlo más de la cuenta. Obviamente, mantener ese tipo de pensamientos negativos en momentos de tanta presión sólo puede llevarnos a pensar una cosa:

"¡Oh no, va a darme un ataque de ansiedad!"

¡Claro!, ¡si no dejas de añadir leña al fuego! Todos estos pensamientos, traducidos al lenguaje que entiende tu cerebro, significan lo mismo:

- *"¿Qué me está pasando?".* Tu cerebro entiende que algo va mal, por tanto: *"¡Peligro!, ¡señal de alarma!"*

- *"¡No puedo respirar!".* Tu cerebro piensa que tu vida está en riesgo: *"¡Peligro!, ¡señal de alarma!"*

- *"Creo que voy a perder el control".* De nuevo, *"¡Peligro!, ¡señal de alarma!"*

a) **¿Y qué ocurre cuando añadimos más leña de la cuenta a un fuego?**

Que se descontrola, que perdemos su control. Igualmente, de no hacer por tranquilizarte (e.g. cambiando tu autocharla negativa por una más positiva; realizando ejercicios de respiración para relajarte; concentrándote en el exterior en lugar de en los síntomas internos que te asustan) y continuar con una línea de pensamientos negativos e inapropiados (de esos que avivan nuestro *fuego interno*), tu cerebro entenderá que existe un gran peligro y, como consecuencia, activará la señal de alarma. Es en este punto en el que la ansiedad nos sobrecoge e impone su voluntad sobre nosotros: tenemos un ataque de ansiedad.

Recuerda, igual que cuando controlas un fuego tienes en cuenta qué tipo de leña y cuánta cantidad usas en cada momento, del mismo modo, como hemos ido viendo a lo largo del capítulo, debes tener en cuenta qué tipo de pensamientos mantienes en tu conciencia y cuánto avivas tu fuego interno. Como sabes, un fuego descontrolado es muy difícil de apagar. Del mismo modo, una vez estamos sobreactivados, nos resultará muy difícil revertir la situación. A estas alturas, lo más probable es que ya no lo consigamos, puesto que nuestro cerebro habrá tomado el control y activado la señal de alarma. La razón queda a un lado; las emociones nos sobrecogen. Ahora sólo nos queda esperar (sintiendo una gran incomodidad e inquietud) a que el cerebro se dé cuenta de que en realidad no hay peligro y desactive la respuesta de ansiedad. Eso sí, por más desagradable que se haga la espera, por mucho que la ansiedad nos haya sobrecogido, debes esforzarte por conservar aunque sólo sea un atisbo de razón que te permita mantener una autocharla positiva, la cual te ayudará a regularte (y, por tanto, a regular la respuesta de ansiedad). De lo contrario, si continuamos con una línea de pensamiento negativo, nuestro cerebro seguirá pensando que el peligro sigue ahí y, en consecuencia, la ansiedad permanecerá durante más tiempo.

Para ayudarnos a que los niveles de ansiedad se normalicen (una vez se han disparado), podemos hacer lo siguiente:

- Intentar mantener pensamientos constructivos y positivos, que nos calmen o, al menos, que no añadan leña al fuego (cosa difícil en estos momentos, que requiere práctica).

- Fijar la mente en algún punto del exterior (lo importante es no concentrarse en nuestro interior, donde encontraremos los síntomas que nos asustan), mientras nos decimos algo como, *"Fuera todo está en calma. Si dejo de asustarme y alimentar la ansiedad, ésta desaparecerá pronto"*.

- Realizar ejercicios de respiración para relajarnos. Simplemente, asegurarnos de aspirar y espirar profunda y calmadamente nos ayudará.

- Mantener imágenes o videos mentales de nuestro agrado (especialmente aquellos que puedan tener un efecto relajante, como veremos más adelante).

Con esto, lo que intentamos es emular el estado psicofisiológico que tendríamos cuando nos encontramos relajados. Es decir, en calma, nuestro pensamiento suele ser positivo y nuestra respiración es lenta y más profunda (¡como cuando dormimos profundamente!). Por tanto, tratamos de imitar ese estado de relajación (el cual es opuesto al ansioso), con la intención de llegar a provocarlo.

Recuerda que por más que hagamos todo cuanto esté en nuestras manos, a veces, la ansiedad tardará en normalizarse. ¡Paciencia! Para ayudarte, puedes memorizar el siguiente párrafo (o uno que hagas a tu medida), para recitarlo una y otra vez en aquellos casos que la ansiedad te tome por sorpresa:

"Es sólo ansiedad, no me hará daño. Es muy desagradable pero, si me concentro en algo positivo, pronto se irá por donde vino. Ya me ha ocurrido otras veces y al final no pasó nada. Respira profundamente, siente el aire llenar tu estómago y tus pulmones y luego observa cómo sale al exterior. ¡Pronto te sentirás bien de nuevo!"

Ante situaciones que nos suponen un reto, que nos incomodan o ante aquellas que nos gustaría evitar, lo ideal es cambiar nuestra aproximación a la situación, la forma como la percibimos.

Imagina un boxeador que sube al ring pensando que su oponente es mejor que él y que va a darle una buena paliza:

"Es mejor que yo, no tengo opciones; trataré de aguantar tanto como pueda".

¿Crees que este boxeador tiene muchas posibilidades de ganar el combate? O, en su lugar, ¿piensas que ya ha sido derrotado por su pensamiento antes de subir al ring? Si no ves una situación clara, trata de, al menos, percibirla de una forma positiva. En el caso del boxeador sería algo así:

"Creo que es mejor que yo, pero voy a ponérselo muy difícil. Como no dé su cien por cien no se llevará el combate porque yo sí voy a dar lo mejor de mí mismo".

Además de intentar percibir la situación de forma que nos ayude a superarla, deberemos ser conscientes de nuestra autocharla y de nuestro estado emocional para así poder actuar a tiempo y corregirlo si hace falta, antes de que sea demasiado tarde. Intenta *no enviar mensajes de peligro* a tu cerebro que te hagan dudar o tener miedo, si no quieres que se vea obligado a activar la señal de alarma.

Si nos sentimos nerviosos, debemos observar qué está pasando por nuestra mente:

- ¿Qué nos estamos diciendo?, ¿cómo es nuestra autocharla?

- ¿Qué lectura estamos haciendo de la situación?, ¿cómo la estamos interpretando?

- ¿Cómo podemos interpretar la situación de modo que podamos *crecernos ante la adversidad*?

Por ejemplo, en el caso de la presentación, no es lo mismo pensar, *"A mí no se me dan bien las presentaciones; seguro que me sale mal"*, que pensar, *"Esta presentación es una oportunidad más de ganar experiencia e ir mejorando poco a poco"*. La realidad es la misma en ambas situaciones: hemos de dar una presentación y no nos sentimos preparados o cómodos. Lo que cambia es cómo interpretamos la situación. En el primer caso, hacemos una interpretación negativa, imaginando una situación desagradable que nos gustaría evitar. Además, tenemos lo que en psicología llaman una *mentalidad fija*, lo que viene a decir que las personas no cambian, sino que, básicamente, tienen ciertas habilidades, cierta inteligencia, etc., que les es dado al nacer. Por tanto, "hay personas que saben dar presentaciones y otras que no". Si tu mentalidad es *fija* y piensas que eres de las que no saben presentar, entonces "no hay nada que hacer". En el segundo caso, interpretamos la situación como una oportunidad para crecer y superar nuestro miedo a hablar en público. Además, tenemos una *mentalidad de crecimiento*, es decir, pensamos que las personas cambian, que ni su nivel de inteligencia ni sus habilidades, etc., son algo fijo, dado, sino algo cambiante, susceptible de ser modificado. Creemos que desarrollar nuevas habilidades es cuestión de tiempo y práctica.

En general, si observas cómo te sientes y qué pensamientos están pasando por tu conciencia en las distintas situaciones de tu vida, podrás establecer relaciones que te ayudarán a conocerte mejor y a facilitar tu rendimiento en el futuro:

"Cuando me concentro en pensamientos positivos, que me animan, me siento mejor que cuando me no dejo de pensar cosas negativas, que me limitan".

Y siempre trata de tener una serie de mensajes que te ayuden a afrontar las distintas situaciones de forma positiva y constructiva:

- *"Aunque sólo sea por salir de mi zona de confort y crecer, voy a exponerme a esta situación".*

- *"Debo recordarme constantemente que, pase lo que pase, he elegido afrontar mis miedos para así tener cada vez más control sobre mi vida y sobre mí mismo".*

- *¡Deja de darle vueltas al asunto! Confía en ti mismo y disfruta del momento. ¡Paso a paso se llega lejos!*

Por tanto, a partir de ahora, ya sea que estés pensando cómo llevar a cabo tu sueño o cómo continuar, debes observar qué efecto están teniendo tus pensamientos sobre tu estado emocional para así evitar que estos supongan un obstáculo extra en tu camino. Cada vez que tu autocharla se torne negativa, trata de decirte lo siguiente:

"Esta forma de pensar no es adecuada, no me ayudará a conseguir mis sueños. Mis pensamientos deben darme alas, no cortármelas".

b) Cuando tus pensamientos te desmotivan

No siempre sucede que nuestros pensamientos nos ponen nerviosos o ansiosos. A veces, ocurre lo contrario: nos desmotivan, nos deprimen. Estos son algunos ejemplos de autocharla negativa desmotivante:

- *"Llevo ya dos años intentándolo, pero no tengo suerte. A este paso no voy a conseguirlo".*

- *"A lo mejor no soy tan bueno en esto como pensaba".*

- *"Tal vez debería abandonar y dedicarme a otra cosa".*

Debes tratar de evitar este tipo de pensamientos o, de lo contrario, terminarán por quitarte las ganas de continuar luchando por tus sueños. Cuando nuestro fuego está bajo, apagándose, solemos sentirnos desganados, desmotivados… por eso, ¡es hora de elegir otro tipo de leña! En tales situaciones, debemos elegir pensamientos positivos, que nos animen a ponernos manos a la obra, que nos motiven para seguir adelante, para perseverar, para no tirar la toalla. Siguiendo los ejemplos anteriores:

- *"Llevo ya dos años intentándolo, pero no tengo suerte. Voy a analizar qué más puedo hacer para cambiar la situación. ¡El éxito debe estar cerca!, ¡no puede demorarse mucho más!"*

- *"Quizá no soy tan bueno en esto como pensaba, de modo que me voy a esforzar aún más, hasta que alcance el nivel que necesito. Nadie va a ganarme en esfuerzo y dedicación".*

- *"¡No abandonaré jamás!, ¡mis circunstancias se rendirán antes que yo! Es cuestión de tiempo que las cosas comiencen a ir bien."*

Además, nos será de gran ayuda tratar de estimularnos de cara a modificar nuestro estado emocional, como veremos en el próximo capítulo.

Recuerda: especialmente al enfrentarnos a situaciones importantes, exigentes o que nos suponen un reto, presta mucha atención a tus pensamientos y emociones, porque, como dice el dicho, "Más vale prevenir que curar". Tu autocharla y tu manera de percibir una situación determinarán cómo te sentirás. ¡Asegúrate de ayudarte a ti mismo para que las cosas salgan bien!

2.5 Clima interno

Otra cosa que has de tener en cuenta de cara a regularte es lo que yo denomino el *clima interno* de las personas. Por clima interno debes entender el nivel de activación que cada uno de nosotros tenemos, el cual es distinto al de los demás. Me refiero a que, independientemente de la situación, hay personas que son muy nerviosas, otras son muy tranquilas y otras se mueven entre ambos polos.

Suelo comparar el clima interno de las personas, con el clima que tienen las distintas regiones. En unas llueve mucho, en otras siempre hace sol; en algunas suele estar nevado y en otras suele hacer viento. Ahora bien, hasta en los climas más soleados llueve de vez en cuando; igualmente, hasta en los peores climas suele haber días de sol.

Cada persona tiene su *clima interno personal*, el cual suele ser estable, por más que notemos cambios a lo largo del tiempo. En otras palabras, unos días hará sol y otros lloverá… pero, en general, si tu clima interno es húmedo, no saldrá el sol a menudo, como ocurre en las ciudades donde predomina este tipo de clima. Es importante que te familiarices con esto porque es un paso importante de cara a conocerte a ti mismo (¡y a los demás!). Por ejemplo, hay personas que casi invariablemente se levantan por la mañana con mal humor y después de un tiempo dado se les pasa. Una persona así, en lugar de pasarse toda la vida cuestionándose por qué siempre se levanta con mal humor, quizá hace mejor aceptando que ése es su *clima interno* y que al cabo de un rato su humor siempre cambia para mejor. Hay personas que siempre están felices, mientras que otras siempre están amargadas. En muchos casos es un problema de actitud ante la vida (o de nuestras circunstancias), pero en muchos otros, no debemos olvidar la influencia de la genética en nuestra personalidad. Por tanto, en esos días en los que, hagamos lo que hagamos, no conseguimos animarnos o nos sentimos ansiosos o más nerviosos que de costumbre, tal vez deprimidos, lo mejor que podemos hacer es considerar estos estados como fluctuaciones normales de nuestro clima interno. Por desgracia, a menudo lo que ocurre es que las personas hacemos de esto un problema:

"¿Qué me está pasando?, ¿por qué me siento hoy así?"

Lo que en principio debía ser algo normal y pasajero (un día de lluvia), hacemos que se convierta en un problema. Buscando razones donde no las hay, queriendo averiguar el porqué de sentirnos de esa manera, prestándole más atención de la que deberíamos, comenzamos a perpetuar la *lluvia* dentro de nosotros. En su lugar, si un día, de forma inesperada nos levantamos sintiéndonos mal o desmotivados y pensemos lo que pensemos o hagamos lo que hagamos no conseguimos revertir la situación, es mejor tener un poco de paciencia y decirse, sin prestarle mayor importancia:

"¿Qué se le va a hacer? Hoy toca día de lluvia".

Si lo aceptamos como parte de nuestro clima interno, pensando *"Es normal, no siempre sale el sol"*, al igual que ocurre con el clima de tu ciudad, la lluvia cesará y dará paso al buen tiempo nuevamente (¡a menos que vivas en Londres!). Es muy importante pensar que no nos vamos a sentir así toda la vida, sino que será uno o varios días:

"Me habré levantado con el pie izquierdo… tendré un día tonto… ¡qué le vamos a hacer, ya se me pasará!".

Probablemente ese mismo día o al día siguiente nos sintamos bien de nuevo. Sin embargo, si prestamos demasiada atención a cómo nos sentimos en un día malo, es posible que, al final, terminemos agravando el problema. Lo que en principio era sólo un día *para olvidar*, podemos llegar a convertirlo en unos días malos o incluso en algo peor si no paramos de darle vueltas en nuestra mente buscando una explicación que no encontraremos (más allá de que nuestro organismo está vivo y, a veces, se resiente). De modo que, si un día *no sale el sol* y no somos capaces de darle la vuelta a nuestro estado anímico, es

preferible aceptarlo, tomárselo con calma y mucha paciencia y tener fe en que al día siguiente nos sentiremos
bien de nuevo.

Lo mismo ocurre con las distintas actividades que llevamos a cabo. Por ejemplo, incluso si una persona está
acostumbrada a dar presentaciones y se siente totalmente
a gusto haciéndolo, puede llegar un día en que, sabe dios
por qué, se ponga nerviosa antes de hacer una. A veces
sólo necesitamos tener un pequeño desajuste químico en
nuestro cerebro para que todo esto ocurra. En algunas
ocasiones, puede que simplemente vamos a enfermarnos
(o que ya lo estamos); en otras, puede que hayamos pasado una mala noche, o que el desayuno nos haya sentado
mal. Todo esto puede ocurrir sin que haya síntomas apa-
rentes. Sea como sea, es importante recordar que, a veces,
es imposible saber qué nos ocurre o por qué nos sentimos
de una manera determinada, cuando, supuestamente, todo
va bien y deberíamos sentirnos estupendamente. Insisto,
lo mejor es no preocuparse, ser paciente y asumir que al
día siguiente todo irá mejor:

*"Simplemente serán unos días de lluvia... no siempre sale el
sol".*

Ésta es la mecánica *pensamiento-emoción*. Trata de entender e interiorizar este mecanismo y así tendrás mayor
control sobre ti mismo y tus circunstancias.

PARTE III
PREPARANDO EL CAMINO

3. Aprendiendo a usar la técnica de visualización

Ahora que sabemos cómo responden nuestro cerebro y nuestro estado emocional a nuestra percepción de las distintas situaciones y a cómo nos comunicamos con nosotros mismos; ahora que hemos aprendido cómo pensamientos y emociones se influyen mutuamente, estamos preparados para aprender a dar el siguiente paso, que sería cómo utilizar nuestro pensamiento en forma de imágenes y *vídeos mentales* para influir en nuestro estado de ánimo (psicológico y emocional).

Seguro que has escuchado este refrán un sinfín de ocasiones a lo largo de tu vida:

"Una imagen vale más que mil palabras".

Pues bien, para tu cerebro esto es bien cierto. El poder que tienen las imágenes en tu estado psicológico y emocional está fuera de toda duda, ya sea que hablemos de fotografías o videos. La capacidad que tienen las imágenes para afectar a nuestro estado emocional está fuera de toda duda. En cambio, utilizando únicamente palabras, es mucho más difícil conseguir un efecto similar. Y, como hemos visto, si estimulamos nuestro estado emocional, estaremos indirectamente estimulando nuestro estado psicológico. Recuerda:

Emociones y pensamiento son las dos caras de la misma moneda.

3.1 ¿Y qué es eso de visualizar?

La técnica de visualización consiste básicamente en emplear nuestra imaginación para crear imágenes o videos mentales con la intención de alcanzar unos resultados específicos, entre otros: mejora de habilidades, incremento de la motivación, inducir relajación, o simplemente prepararnos para distintas situaciones. La diferencia entre simplemente *imaginar* (o soñar despierto) y *visualizar* es que la visualización es una técnica de entrenamiento mental que utilizaremos deliberadamente de cara a lograr unos resultados concretos, en lugar de simplemente dejar que nuestra imaginación divague.

En el mundo académico se distingue entre *visualización* (que es cuando practicamos con imágenes mentales) y *entrenamiento mental* (cuando nos valemos de videos mentales)[8]. En nuestro caso, veremos cómo hacer uso de la técnica de visualización para beneficiarnos de los siguientes aspectos: motivación, relajación, aprendizaje de nuevas respuestas y mejora de aquellas que ya poseemos, y preparación de distintos escenarios.

Muchas personas sueñan despiertas o reproducen videos mentales donde repiten una y otra vez un evento ya pasado, normalmente sin ser conscientes de que tal práctica afecta a su estado mental y emocional e, incluso, a su comportamiento futuro. En deportistas, por ejemplo, ocurre con mucha frecuencia; es muy normal que imaginen repetidamente ciertas situaciones que han ocurrido tras un entrenamiento o una competición y que se planteen cómo podrían haberlo hecho mejor. Sin embargo, en estos casos, la visualización se hace sin orden ni estructura ni objetivo: simplemente ocurre de forma natural, espontáneamente. Sin embargo, al visualizar no sólo aprendemos de aquellas situaciones pasadas que volvemos a

---

[8] A lo largo del libro, para favorecer su lectura, emplearé el término "visualización" exclusivamente, aunque me esté mayormente refiriendo a la técnica de "entrenamiento mental".

experimentar en nuestra conciencia (de cara a estar mejor preparados para la próxima vez que se presenten), sino que también enseñamos a nuestro cerebro exactamente cómo debe responder la próxima vez que nos veamos inmersos en tales situaciones u otras hipotéticas que creemos. Es decir, al visualizar, tendremos en mente trabajar en un objetivo específico.

3.2 ¿Cómo practicamos la técnica de visualización?

En general, siempre que vayamos a visualizar, lo ideal es que tratemos de relajarnos. De hecho, podemos visualizar para conseguir inducir dicho estado de relajación, como veremos más adelante. Por otro lado, siempre podremos llevar a cabo algún ejercicio de relajación que conozcamos, que sepamos que nos es útil y que consigue relajarnos, o algún procedimiento que funcione para nosotros (e.g. algunas personas se relajan escuchando un tipo determinado de música, otras prefieren acariciar a su mascota, etc.). No obstante, aunque estar relajados puede ayudarnos a visualizar ya que nos será más fácil concentrarnos y mantenernos quietos en un mismo sitio, no es un requisito indispensable. De hecho, ten en cuenta que algunos ejercicios de visualización ¡te pondrán nervioso e incluso ansioso! Todo depende de qué vamos a visualizar (e.g. aprender un nuevo circuito de carreras requiere cierto nivel de activación, no de relajación).

Para algunos ejercicios (e.g. en deportes) nos será de ayuda recrear de la manera más realista que podamos el escenario que vayamos a practicar. Por ejemplo, si como Álvaro somos un piloto de carreras y lo que queremos es mejorar nuestro "tiempo por vuelta" en un circuito específico (o simplemente en un sector específico del circuito), nos ayudará visualizar sentados en el coche de carreras que vayamos a conducir (o el más parecido posible que tengamos a mano), teniendo puesto todo nuestro equipo: mono, guantes, casco y demás. Cuanto más realista, mejor. Si estamos en casa, podemos hacer uso de uno de esos kits disponibles para consolas de videojuegos que cuentan con volante, asiento, etc. ¿Vamos a competir en condiciones de calor extremo?, ¿tal vez en el interior de nuestro coche se desarrolla un calor sofocante? Entonces, ¡trata de recrear esas condiciones también!: cierra las ventanas, sube la calefacción, etc. Se creativo y asegúrate de que, al visualizar, las condiciones son tan realistas como te sea posible. Se trata de que, a la hora de enfrentarnos *en realidad* a la situación en cuestión que hayamos entrenado en visualización, hagamos creer a nuestro cerebro que *ya ha estado allí.*

Al principio es normal que te cueste visualizar, pero, poco a poco, a través de la práctica, tendrás más control sobre tus visualizaciones. Podemos visualizar en cualquier posición y momento del día, aunque lo ideal es que ajustemos la posición que adoptemos (sentados, tumbados, de pie) y el momento del día en que practiquemos con el objetivo del ejercicio. Por ejemplo, si visualizamos de cara a relajarnos, podemos hacerlo cuando nos tumbemos en la cama antes de dormir. Es muy probable que entonces nos quedemos dormidos (y consigamos un sueño profundo, más reparador). Sin embargo, si lo que pretendemos es modificar una conducta, pero nos quedamos dormidos, entonces no habremos hecho el trabajo que queríamos. En este caso, sería mejor practicar sentados o de pie, preferiblemente durante el día. Igualmente, para motivarnos es preferible visualizar antes de realizar la actividad que requiere de nuestra motivación, o durante el día, en momentos en los cuales es adecuado estar activados. No obstante, todo esto es relativo, puesto que todos somos diferentes. Al final, depende de ti y de los resultados que tú personalmente obtienes. Por ejemplo, a mí me encanta practicar lo que sería una visualización de cara a motivarme y a activarme justo antes de dormir. Me gusta acostarme y visualizar aquello que quiero conseguir al día siguiente. Esto hace que me duerma sumido en un estado de entusiasmo, de excitación y que me levante por la mañana animado, sabiendo lo que quiero conseguir. Ahora bien, quizá tú haces lo mismo y al poco te ves dando vueltas en la cama, sin poder dormir. Insisto: es cuestión de ir probando y ver qué funciona mejor para cada uno.

Cuanto más realista sea la visualización, mayor efecto tendrá. Por eso, un aspecto crucial de cara a visualizar correctamente es tener en cuenta el componente emocional. Al visualizar, deberemos intentar evocar las mismas emociones que sentiríamos en la realidad. Esto nos ayudará a crear una visualización mucho más realista y efectiva.

Por ejemplo, si visualizamos un salto en paracaídas mientras que nos sentimos adormilados, sin duda, hay algo que no encaja: la visualización y la realidad son dos cosas muy distintas. Así, la visualización no tendrá el efecto esperado y, en consecuencia, nuestro cerebro no estará preparado para cuando, finalmente, nos veamos en el avión a punto de saltar. Es decir, al visualizar un salto en paracaídas, deberemos sentir miedo o, al menos, esa sensación de subida de adrenalina que la situación real provocaría en la mayoría de nosotros. Así, nuestro cerebro sí tomará buena nota de lo que le espera y se preparará para ello.

No te desanimes si te cuesta ver o sentir las imágenes o videos que vayas creando en tu mente y sigue practicando. Antes o después, conseguirás crear imágenes y *películas mentales* muy realistas.

3.3 Tipos de visualización

Hay dos maneras de visualizar: en primera y en tercera persona. Es decir, que, o bien veremos las imágenes en nuestra conciencia del mismo modo en que la acción se desarrollaría en la vida real (i.e. primera persona), o bien veremos las imágenes como si de una película se tratase, en la cual nosotros estamos actuando (i.e. tercera persona). En general, la visualización en primera persona es más íntima y te ayudará a sentir mejor tus emociones, o a tener una mayor conciencia de un movimiento en concreto (e.g. en caso de estar practicando para mejorar una técnica específica de un deporte, como puede ser tu "revés" al jugar al tenis). No obstante, como suele ocurrir con tantas otras cosas, hay excepciones y, lo que puede sernos beneficioso para algún tipo de práctica, puede no serlo para otra. Imagina que estás visualizando de cara a superar tu miedo a la respuesta de ansiedad. Lo último que debes hacer es imaginar en primera persona, ya que esto hará que sientas la respuesta de ansiedad con mayor intensidad, lo cual será contraproducente (mejor comenzar visualizando en tercera persona y luego pasar a primera persona, según nos vayamos sintiendo cómodos). Por tanto, la tercera persona puede utilizarse para situaciones que nos incomodan (e.g. negociar una subida de salario), para poner distancia entre tu visualización y tú. También es adecuada para pulir la estética de una serie de movimientos (e.g coreografías, deportes como el patinaje artístico sobre hielo), o para mejorar nuestro posicionamiento en un espacio determinado y/o respecto de otras personas, como suele darse en muchos deportes de grupo (fútbol, baloncesto, etc.), o unidades policiales/militares. Para relajarnos, pienso que es mejor practicar en primera persona. Si lo que queremos es aprender o mejorar una técnica de, por ejemplo, artes marciales, la visión en primera persona es más adecuada puesto que representa mejor la realidad y, además, nos ayudará a desarrollar el "feeling" (i.e. propiocepción) del movimiento (una vez aprendida la técnica, es conveniente pasar a visualizar en tercera persona[9]). A veces, lo ideal es combinar ambos métodos. Por ejemplo, imagina que un atleta visualiza su próxima carrera. De cara a motivarse, puede elegir verse cruzando la meta en 3ª persona o sentir las sensaciones tras haber ganado la carrera en 1ª persona. No obstante, por más que la investigación pueda indicar cuándo y para qué es mejor utilizar un tipo de visión y no el otro, al final todo depende de ti, de cómo tú personalmente te sientes más cómodo al practicar y cómo obtienes mejores resultados.

a) Visualizar para motivarnos

Podemos utilizar la técnica de visualización tanto si pasamos por períodos en los que nos falta motivación como si lo que queremos es mantenernos bien motivados. Para ello, lo único que tenemos que hacer es visualizar aquello que queremos que ocurra. El contenido de nuestra visualización es muy personal y variará dependiendo de qué queremos conseguir.

Por ejemplo, cuando yo escribía este libro, a menudo imaginaba una situación en la cual, de repente, sonaba el

---

[9] Un foco de atención interno (1ª persona) puede interferir con los procesos automáticos de control del movimiento y, en consecuencia, empeorar éste.

teléfono y el representante de una editorial me decía que habían decidido publicarlo. Después, imaginaba el libro terminado (¡podía ver el diseño de la portada aunque aún no estaba hecha!).

Pero lo que más me motivaba era lo siguiente: nunca quise decir a mis padres que estaba escribiendo un libro. En su lugar, siempre quise enviarles un ejemplar cuando estuviese disponible para la venta. Para ellos, el hecho de que haya escrito y publicado un libro es algo muy importante, todo un logro. En mi visualización, veía a mis padres en su casa. Mi madre preparaba el almuerzo y mi padre, mientras, tocaba la guitarra. Entonces llegaba el cartero y mi padre recogía el sobre que contenía mi libro. Después, se lo llevaba a mi madre, quien le decía a mi padre algo como: "¿Y esto? Seguramente sea un libro que nos ha comprado tu hijo". Entonces lo abría y cuando veía mi nombre en la portada, emocionada, se lo mostraba a mi padre sin decir nada. Mi padre, al darse cuenta, también se emocionaba. Finalmente, veía a ambos emocionados y felices después de tan grata sorpresa.

En otras ocasiones me veía firmando libros en uno de esos eventos que, a veces, organizan las editoriales. También me imaginaba presentando mi libro a una audiencia. Finalmente, visualizaba una y otra vez la página donde dedicaba el libro a mi mujer. Imaginaba un sinfín de dedicaciones distintas y todas conseguían emocionarme.

Como ves, puedes visualizar tantas situaciones como te apetezca. El contenido da igual, siempre y cuando te motiven (que es de lo que se trata).

b) Visualizar para aprender nuevas respuestas[10]

Igual que utilizamos la técnica de visualización para motivarnos, también podemos utilizarla para enseñar nuevas respuestas a nuestro cerebro o para afinar o corregir aquellas que conocemos. Por ejemplo, puede ayudarnos a aprender (o mejorar) una habilidad o técnica deportiva (e.g. el "smash" o remate en tenis); o también, ayudarnos a adquirir/desarrollar un área de nuestra personalidad (e.g. asertividad).

c) Visualizar para relajarnos

No todas las personas respondemos de la misma manera a las distintas técnicas de relajación. Algunas preferimos realizar ejercicios de respiración, otras preferimos llevar a cabo técnicas que combinan ejercicios de respiración con movimientos corporales (tipo Yoga), mientras que otras preferimos simplemente escuchar música, darnos un baño, o ir a pasear. Imagina una de esas personas que están siempre haciendo algo, que son muy nerviosas. ¿Cómo voy a pedirles que, de repente, detengan su actividad frenética, se tumben en el suelo y, sin moverse, comiencen a realizar ejercicios de respiración? Así, ¡lo más probable es que se pongan aún más nerviosas! Por eso, es importante que cada persona utilice un método de relajación que le sea adecuado. En el caso de estas personas tan nerviosas puede venirles mejor hacer una o dos horas de ejercicio intenso y, sólo después, a modo de *cool down*, realizar los ejercicios de respiración (cuando ya estén fatigadas y su cuerpo les permita relajarse).

---

[10] Veremos más sobre esta función en el apartado 3.6.

Para que tengas una alternativa más, te voy a mostrar cómo utilizar la visualización de cara a relajarte. Una vez te familiarices con la técnica, la visualización te relajará convenientemente en poco tiempo y sin necesidad de cambiarte de ropa o sitio (ésta es una de las grandes ventajas que tiene: puedes practicarla en cualquier sitio y en unos pocos minutos). Hay varios ejercicios de respiración muy sencillos[11] que puedes realizar antes de comenzar y durante la visualización. Podemos combinarlos con imágenes mentales que a nosotros nos resulten relajantes (e.g. una imagen de un bosque o el océano) e incluso música (¡tú decides!).

Al igual que ocurría con los otros ejercicios de visualización, se trata de utilizar nuestra imaginación para (en este caso) recrear una situación que consiga relajarnos. Alternativamente, podemos recuperar una experiencia pasada que en su día nos resultó muy relajante y utilizarla ahora para evocar el mismo estado de relajación. ¡Hay un sinfín de posibilidades! Por ejemplo, podemos imaginar que estamos en la playa tomando el sol o bañándonos. Debemos sentir todo cuanto sentiríamos en la situación real: cómo el sol calienta nuestra piel, el tacto que tiene la arena cuando la tocamos (¿está caliente, fría, templada?), o cómo esa suave brisa cálida acaricia nuestra piel de vez en cuando. A su vez, podemos imaginar que el sol nos está recargando de energía, nos está revitalizando.

Como decía, también podemos recuperar una experiencia pasada, de cara a conseguir sentirnos ahora como nos sentimos entonces. A mí personalmente me gusta recordar un día que fui a hacer *bodyboard* a una playa que hay cerca de donde viven mis padres. Ese día, las olas no

---

[11] Ver anexo, pág. 269.

estaban rompiendo cerca de la orilla, sino que lo hacían bastante más lejos. Decidí probar y, cuando llegué a la altura de donde rompían, me di cuenta de que eran muy buenas. Era mi día de suerte. Entonces, me senté en mi *bodyboard* y miré hacia la costa. Había tenido que "remar" bastante para llegar allí, de modo que la costa se veía desde lejos. Tenía un campo de visión muy amplio (180° de costa y playa). Era un día muy soleado y la temperatura del agua era ideal. El mar estaba completamente calmado, sólo de vez en cuando llegaba una serie de olas que rompía momentáneamente la calma. Y allí estaba yo, solo, en perfecta unión con la naturaleza. Siempre que recuerdo ese día, no sólo me relajo, sino que me siento realmente feliz y satisfecho, pienso: *"Aunque sólo sea por momentos como estos, la vida merece la pena"*.

Por último, es conveniente tener una visualización preparada de antemano, una que sepamos que conseguirá relajarnos, por si un día nos sentimos más nerviosos o ansiosos de la cuenta y necesitamos practicarla. En momentos de ansiedad es difícil pararse a buscar una solución: es preferible tenerla ya a mano. Así, llegado el caso, tan pronto como nos sintamos más nerviosos o ansiosos de la cuenta, lo único que deberemos hacer es comenzar a visualizar para relajarnos, sin necesidad de pensar en qué.

d) Visualización, música y otros medios

La música tiene una gran capacidad de estimular nuestro cerebro y, de este modo, de ejercer un efecto muy notorio sobre nuestro estado emocional. Cuando vayamos a practicar la técnica de visualización de cara a motivarnos o relajarnos, podemos utilizar música para ayudarnos a generar aquellas emociones que tratamos de conseguir. Es muy común combinar técnicas de visualización con música, tanto de cara a evadirnos de situaciones muy estresantes o de alta presión y conseguir relajarnos, como al contrario, para activarnos. Podemos considerar la música como un atajo hacia nuestras emociones. Por eso, es adecuado que crees listas de reproducción que consigan modificar tu estado emocional según lo requiera la situación.

Por ejemplo, tanto en mi ordenador como en mi teléfono móvil tengo distintas listas de reproducción: "Gym" o "Relajación" son listas con música que me activa o me relaja, respectivamente. Tengo otra lista que se llama *Dreams* ("sueños"), en la cual reúno música que me anima a soñar despierto, a mirar hacia el futuro con alegría y optimismo. Puedes crear tantas listas como te parezca necesario, pero asegúrate de elegir bien las canciones que incluyes en ellas, de modo que consigas el efecto emocional deseado.

Asimismo, de cara a estimular nuestro estado emocional, podemos utilizar otros medios, como por ejemplo, películas. Todos hemos visto películas que han conseguido impactarnos a nivel emocional (para bien o para mal). Algunas nos entristecen, mientras que otras nos motivan o nos transmiten confianza, etc. Pues bien, debemos ser conscientes de esto, para así crear una lista de películas a la que recurrir cuando necesitemos determinada estimulación (e.g. motivación). Sin embargo, no es necesario ver toda la película de cara a modificar nuestro estado emocional, sino que suele bastar con que veamos aquellas escenas que más nos impacten. Sabiendo esto, podemos utilizar ciertas escenas para modificar nuestro estado emocional antes de llevar a cabo una visualización. Se trata de asociar los estados emocionales concretos que ciertas escenas de películas inducen en nosotros, con la situación que vamos a visualizar.

Por ejemplo, hay varias películas que consiguen emocionarme, darme energía y animarme a luchar por conseguir mis sueños. Entre otras, una de ellas es "El último samurái", la cual me transmite este mensaje: "No abandones jamás, lucha hasta el final". Cuando me siento desmotivado, sólo necesito visualizar aquellas escenas de la película que consiguen conmoverme y recuperar la motivación. Una vez conseguido el estado emocional deseado, lo asocio a mi situación real, de modo que en la visualización me veo luchando por aquello que quiero conseguir.

En otras ocasiones imagino escenas de la película "Rudy". Esta película consigue transmitirme el mismo mensaje que la anterior. Entonces, motivado y lleno de energía, me imagino cansado y adormilado (¡como Rudy!), pero, aun así, estudiando y trabajando duro para conseguir aquello que me he propuesto.

En definitiva, se trata de utilizar cualquier medio a nuestro alcance que consiga modificar nuestro estado emocional y combinarlo con la técnica de visualización. La idea es que creemos asociaciones entre el estado emocional que evocan en nosotros las imágenes, canciones o escenas de películas y nuestra situación presente.

Las emociones tienen un gran impacto en nuestra conducta, por tanto, no debemos conformarnos con determinados estados de ánimo que no nos ayudarán a conseguir nuestros sueños, sino que debemos modificarlos utilizando cuanto esté a nuestro alcance para alinear nuestro estado emocional y pensamiento con nuestros objetivos.

3.4 Educa tu cerebro

En los próximos capítulos mencionaré la importancia que tiene el conocerse a uno mismo y ser consciente de cómo respondemos ante las distintas situaciones (en particular, aquellas que probablemente tendrán un mayor impacto en nuestro futuro). De este modo, conoceremos cuáles son nuestras fortalezas y debilidades, lo cual es esencial de cara a crecer y mejorarnos a nosotros mismos. No en balde, uno sólo puede cambiar aquello de lo cual es consciente. Por tanto, una vez seas consciente de cuáles son tus "áreas a mejorar", deberás actuar como si tu cerebro fuese tu alumno y tú fueses su profesor. Entonces, mediante la técnica de visualización, debes mostrarle cómo quieres que *responda* ante las distintas situaciones, en lugar de simplemente *reaccionar* involuntariamente (a menudo de forma inadecuada) ante las distintas demandas. Es decir, que no sólo se trata de ser capaz de dar una *respuesta*, sino de dar la *respuesta correcta*, especialmente ante aquellas situaciones que consideremos cruciales de cara al futuro que nos gustaría construir.

Tu cerebro funciona mejor siguiendo las mismas pautas porque es lo que conoce y tiene bajo control, además de requerir menos esfuerzo que intentar aprender y hacer algo de forma diferente. Éste se comporta de la forma que lo hace simplemente porque, hasta ahora, es lo que ha aprendido que debe hacer en ciertas situaciones. Sin darnos cuenta, desde pequeños, hemos ido reforzando un tipo de comportamiento en lugar de otros ante distintas situaciones. Tu cerebro llevó a cabo distintos aprendizajes sin que tú fueses consciente, creando así buenas y malas asociaciones. Es cierto que, por una parte, todos tenemos una inclinación natural hacia comportarnos de una forma u otra (e.g. perseverar o postergar); pero, por otra parte, dependiendo de cómo nos educaron nuestros padres y de la estimulación que recibimos en el ambiente donde vivimos, ciertas conductas fueron más reforzadas que otras (e.g. la conducta de perseverar suele ser premiada, mientras que la de postergar suele ser penalizada). Al final, lo que ocurre es que, sin darnos cuenta, se establecen aprendizajes que luego se convierten en hábitos. Algunos de estos aprendizajes son convenientes, mientras que otros no lo son (o puede que lo fuesen en el pasado, mientras que ahora ya no nos sirven). De modo que, ¿por qué no nos *actualizamos*? Es por esto que debemos ser conscientes de aquellas áreas de nuestra personalidad que puedan estar frenando nuestro avance y cambiarlas.

Si quieres modificar tu conducta, debes *reeducar* a tu cerebro. En general, éste se comporta como lo hace porque no tiene una respuesta alternativa, de modo que debes mostrarle otra respuesta que, a día de hoy, sea más conveniente. Sin embargo, a menudo, cuando las personas tratamos de modificar nuestro comportamiento, intentamos hacerlo sobre la marcha, es decir, una vez hemos identificado lo que no funciona o lo que nos gustaría cambiar, intentamos llevar a cabo cambios en el mismo momento en que la situación lo requiere. Pero claro, en ese momento lo más normal es que la inercia de nuestro comportamiento, el hábito del día a día se imponga a nuestra voluntad de cambiar, haciéndonos fracasar en el intento.

Por ejemplo, un caso típico es el de una persona que tiende a procrastinar y quiere desarrollar disciplina. Quizá vea algunos videos sobre motivación en "YouTube" y luego lea distintos artículos sobre "cómo disciplinarse" en internet. Después, sólo queda esperar a que llegue el momento en que deberíamos doblegar el ánimo y tratar de ejercer disciplina, de cara a vencer nuestra tendencia procrastinadora. Sin embargo, como muchos sabemos por propia experiencia, esto no suele funcionar (y de hacerlo, probablemente sólo nos disciplinemos unos días). Una vez deberíamos ejercer disciplina, nuestro cerebro toma el control y sin darnos cuenta, nos encontramos nuevamente procrastinando. En estos casos ocurre algo parecido a cuando una madre trata de obligar a su hijo a hacer algo, pero éste muestra un gran rechazo. Y cuanto mayor sea la imposición, mayor será el rechazo. Pues bien, los adultos también tendemos a rechazar aquello que se nos impone, incluso si somos nosotros mismos quienes pretendemos obligarnos. Del mismo modo, nuestro cerebro también mostrará un gran rechazo si tratas de imponerle algo.

De nuevo, se trata de ese pulso entre *emociones* y *pensamiento*. Por un lado, hay una voz que dice: *"¡Ponte a hacer lo que debes!"* Y, por otro, hay una que responde: *"¡No tengo ganas!"*. E incluso cuando seamos capaces de vencer nuestro hábito de procrastinar y consigamos disciplinarnos, ocurre que, transcurridos unos días, nuestro hábito (i.e. el comportamiento que conoce nuestro cerebro) termina por imponerse de nuevo y, sin más, volvemos al viejo comportamiento (en este ejemplo al de procrastinar) en contra de nuestra voluntad. *"¿Y por qué ocurre esto?"*, quizá preguntes. Porque, llegado el momento, el cerebro se deja llevar por su estado emocional o por la respuesta que conoce y acostumbra a llevar a cabo en una determinada situación. Es cuando escuchamos ese *"no tengo ganas"*, ese *"mañana"*, o cuando, sin ser conscientes, simplemente nos ponemos a hacer otra cosa y no nos damos ni cuenta de que estamos procrastinando hasta mucho más tarde, cuando decimos, *"Hay que ver, otra vez se me ha pasado hacer lo que debía"*.

En cambio, al entrenar en visualización no tratamos de imponer, sino de educar. Nuestro cerebro toma nota de lo que le mostramos y, con calma, se prepara para cuando posteriormente nos encontremos con dicha situación. Llegado el momento, nuestro cerebro reconocerá la situación y sabrá cómo debe responder, puesto que le habremos enseñado cómo hacerlo. Pero no basta con visualizar de vez en cuando, sino que hay que hacerlo continuamente, a diario, durante varias semanas (tantas como haga falta), hasta que nuestro cerebro entienda perfectamente lo que esperamos de él y la nueva respuesta se convierta en hábito. Recuerda: no se trata de imponer, sino de educar.

3.5 Educa a tu cerebro para lo inesperado

A menudo, existen situaciones donde algo inesperado impide que demos lo mejor de nosotros mismos. ¿Hay algo que podamos hacer al respecto?, ¿podemos prepararnos para aquellas situaciones que no hemos experimentado antes, pero que exigirán que demos lo mejor de nosotros mismos?

Recuerdo cuando mi mujer, mientras trabajaba para el "Foro Económico Mundial"[12], fue a Sudáfrica a presentar el "Informe de Competitividad de África"[13], ya que era la autora principal. Este tipo de evento genera una gran audiencia y es retransmitido a través de distintos canales

---

[12] "World Economic Forum", WEF.
[13] "Africa Competitiveness Report".

(incluida la televisión nacional sudafricana y a nivel mundial vía internet). Era el año 2015 y mi mujer quería demostrarse a sí misma (y a quienes estuviesen viéndola) que no sólo estaba preparada para dar su primera rueda de prensa, sino también para hacerlo bien. De modo que ahí estaba, algo nerviosa, intentando afrontar una situación que le suponía un gran reto. Y como no podía ser menos, el famoso "Murphy" se presentó en el evento trayendo consigo su famosa ley: "Si algo puede salir mal, saldrá mal"[14]. Lo que ocurrió es que, una vez el moderador hizo la introducción y pasó el turno de palabra a mi mujer, de repente, su micrófono no funcionaba. Obviamente, a poco que el lector sea una persona medianamente empática y se ponga en el lugar de mi mujer, entenderá cómo lo que no es más que un inconveniente menor (que un micrófono no funcione), puede llegar a tener un efecto muy negativo cuando ocurre justo en el momento en que te toca dar tu primera rueda de prensa. Digamos que algo así es lo último que uno quiere que ocurra en tales momentos. Sin embargo, estas cosas suceden más a menudo de lo que nos gustaría. Gracias a dios, la técnica de visualización estuvo ahí para contrarrestar la "Ley de Murphy" y ayudar a mi mujer a salir del paso convenientemente.

Tiempo atrás, como parte de su preparación para participar en los distintos medios de comunicación, enseñé a mi mujer a utilizar la técnica de visualización. Además, de cara a la rueda de prensa, ensayamos juntos distintos *If-then scenarios*[15] en visualización. Como resultado, mi mujer (¡su cerebro!) conocía respuestas adecuadas a los distintos incidentes que habíamos previsto (entre ellos, el del mi-

---

[14] Murphy's Law: Anything that can go wrong, will go wrong.
[15] En español, "Escenarios si-entonces". Veremos más sobre esto en la página 264.

crófono que no funcionaba). De modo que, en lugar de perder la concentración y ponerse muy nerviosa por culpa de un micrófono que no funcionó cuando debía, mi mujer simplemente comunicó el problema mientras mantenía la calma. Un minuto después el micrófono estaba arreglado y ahí estaba ella, concentrada, dando felizmente su primera rueda de prensa… y allí estaba yo, al otro lado del mundo, orgulloso de mi mujer como el que más, mientras seguía el evento a través de internet.

Ahora bien, aunque en realidad ésa fue su primera rueda de prensa, lo cierto es que mi mujer ya había dado muchas *en su mente*. Y ya había estado en un sinfín de situaciones desagradables, inesperadas, que pueden romper la concentración de hasta las personas más experimentadas; situaciones que ella ensayó en distintas visualizaciones, mostrando a su cerebro qué hacer llegado el caso.

En nuestro caso, si queremos dar lo mejor de nosotros mismos en cualquier situación (especialmente en aquellas que nos supongan un reto o puedan tener un mayor impacto en nuestra vida), también debemos mostrar a nuestro cerebro mejores respuestas que simplemente aquellas que casualmente conozcamos. Es decir, no deberíamos dejar que sea el *hábito* quien nos conduzca en situaciones decisivas, sino el *hábito adecuado*.

En el ejemplo de mi mujer, imagina que en lugar de fallar el micrófono, ocurre que se va la luz o, repentinamente, comienza a sonar la alarma de incendio por error. Existe un sinfín de incidentes que pueden ocurrir cuando menos lo necesitamos. Sin embargo, como dijimos antes al mencionar la experiencia de Álvaro en las "24 Horas de Montmeló", lo que marca la diferencia en estos momentos es cómo respondemos: ¿Nos da un ataque de pánico?,

¿perdemos la concentración y no somos capaces de recuperarla?, o simplemente nos regulamos y tratamos de estar por encima de la situación. Por esto, ¿no será mejor que, en la medida de lo posible, seamos conscientes y estemos preparados para lo inesperado? Cuando nos enfrentamos a situaciones que nos exigen dar lo mejor, ¿no haríamos bien en planear y practicar en visualización aquello que puede salir mal y cómo responder?, ¿no será mejor tener preparada de antemano una *respuesta adecuada* a las posibles contingencias que puedan surgir, en lugar de tratar de salir del paso como buenamente podamos, probablemente rindiendo por debajo de lo esperado?

3.6 Cómo visualizar para aprender nuevas respuestas

Imagina que necesitas memorizar un texto. Aunque todos tenemos nuestra propia técnica de memorización, una cosa es segura: deberemos repetirnos lo que queremos memorizar una y otra vez. Y una vez hayamos memorizado el texto, estará disponible en nuestra memoria por un tiempo determinado, hasta que, finalmente, terminemos por olvidarlo por completo (o únicamente seamos capaces de recordar algunos fragmentos). Sin embargo, si por alguna razón necesitásemos mantener el texto memorizado, entonces nos veríamos obligados a repasarlo de vez en cuando (para así evitar el olvido). Pues bien, la práctica de visualización es semejante: para que nuestro cerebro aprenda y desarrolle un nuevo hábito, deberemos practicar repetidamente durante un periodo determinado.

Cuando practicamos un ejercicio de visualización para aprender una nueva respuesta, deberemos mostrar a nuestro cerebro cómo es dicha conducta. Sin embargo, primero, sólo una vez (a modo de "línea base"), deberás mostrar a tu cerebro (visualizando) cómo es aquello que quieres cambiar, cómo te sientes al hacerlo y cómo es tu auto-charla durante esa situación. Con esto se pretende que el cerebro tenga un punto de partida, de referencia y así pueda distinguir con mayor facilidad entre la conducta que no queremos realizar y aquella que, a continuación, vamos a mostrarle y a tratar de interiorizar.

(Cabe decir que el mero hecho de tener que reflexio-nar sobre cómo nos sentimos o qué pensamientos pasan por nuestra mente durante una situación determinada, nos ayudará a conocernos mejor a nosotros mismos y probablemente a mejorar).

Como decíamos, una vez hayamos mostrado a nues-tro cerebro lo que hacemos mal y esperando que éste haya entendido lo que nos gustaría modificar, es momen-to de *sobrescribir* dicho comportamiento, visualizando la conducta que nos gustaría aprender e implementar. Del mismo modo, deberemos mostrar a nuestro cerebro có-mo deberíamos sentirnos y cuál debería ser nuestra auto-charla en esos momentos. Deberás visualizar repetida-mente la conducta adecuada (i.e. visualiza la secuencia correcta una y otra vez). De nuevo, te recuerdo que debes recrear la situación en tu mente de la manera más realista posible, involucrando todos tus sentidos y manteniendo la autocharla adecuada.

Con esto, lo que hacemos es reforzar la respuesta que queremos interiorizar, mientras que la que queremos so-brescribir se debilita. No obstante, debes tener en cuenta que no vas a cambiar en unos días la tendencia que ha guiado tu comportamiento, tal vez durante años. Al prin-cipio, deberás contrarrestar dicha inercia. Después, una vez consigas debilitar la conducta que quieres suplantar, la nueva respuesta irá ocupando su sitio gradualmente. Si practicas con regularidad y tratas de incidir en tus emociones, los resultados no deben tardar en llegar. Cuando lleves un tiempo considerable comportándote de la forma deseada y sientas que dicha conducta está automatizada (i.e. has conseguido desarrollar un nuevo hábito), entonces podrás dejar de visualizar o hacerlo sólo de vez en cuando a modo preventivo, hasta que ya realmente *sientas* que no es necesario (siguiendo el ejemplo anterior, la idea sería asegurarnos de que no olvidamos "el texto memorizado").

Por ejemplo[16], imagina que te gustaría dejar de procrastinar y desarrollar disciplina. Para comenzar, debes crear una situación (una secuencia o video mental) donde muestres a tu cerebro aquello que te gustaría modificar (e.g. la conducta de procrastinar). De modo que, como decíamos antes, sólo por una vez nos imaginaremos procrastinando exactamente como solemos hacerlo y tratando de recrear cómo solemos sentirnos (desganados, apáticos, etc.) y cómo suele ser nuestra autocharla (e.g. *"No tengo ganas"*, *"lo haré luego"*, etc.).

Una vez establecido este punto de referencia (el cual, insisto, es necesario hacerlo únicamente cuando trabajamos con cada visualización por primera vez) y ahora que nuestro cerebro sabe lo que queremos modificar, lo que haremos será *corregir* esa conducta visualizando cómo queremos comportarnos (en este caso, aplicaremos disciplina a nuestro comportamiento). Es decir, que, de nuevo, en visualización, mostraremos a nuestro cerebro cómo hacer las cosas bien. Entonces, recreando el comienzo de nuestra visualización, imaginaremos la misma secuencia una y

---

[16] En la página 248 describo un ejemplo personal similar al mencionado aquí.

otra vez, pero esta vez nos conduciremos de la forma que pretendemos (en este ejemplo, disciplinándonos), a la vez que recrearemos las sensaciones adecuadas (e.g. nos sentiremos en control de la situación) y manteniendo la autocharla apropiada (e.g. *"La disciplina me llevará lejos"*, *"La disciplina ¡es la clave del éxito!"*.

A su vez, como parte del ejercicio y de cara a hacerlo más realista, podemos incluir en nuestra visualización cómo al cabo de un tiempo (digamos dos horas) hacemos una pausa de quince minutos para despejarnos, pero luego continuamos trabajando sin que nos suponga un esfuerzo. Y así, repetidamente, visualizaremos la misma secuencia una y otra vez hasta que nos parezca del todo real, como si fuese un recuerdo más que un ejercicio. Finalmente, podemos terminar la visualización, por ejemplo, sintiéndonos satisfechos de nosotros mismos por haber trabajado en nuestras metas en lugar de haber perdido el tiempo con algo banal (¡o simplemente por haber superado nuestra tendencia a procrastinar!). Terminar de visualizar con buenas sensaciones es muy importante, ya que lo que haremos es reforzar la conducta que queremos implementar. A su vez, es esencial terminar con una autocharla positiva, la cual actuará también como refuerzo. Por ejemplo:

- *"Hoy he vencido mi tendencia a postergar. ¡El primer paso es siempre el más difícil!"*

- *"¡Tener disciplina es fantástico! En lugar de distraerme como suelo hacer, hoy me he puesto a trabajar de golpe. ¡Me siento orgulloso de mí mismo!"*

- *"He hecho lo que debía, cuando debía. ¡Ahora toca relajarse!"*

De cualquier modo, el mero hecho de haber realizado algo productivo es reforzante por sí mismo; de modo que deberías sentir que has aprovechado tu tiempo convenientemente. Salvando las distancias, es parecido a educar a un hijo: cuando hace algo bien, se lo haces saber ¿verdad? Pues debemos hacer lo mismo cuando se trata de nosotros: debemos hacerle saber a nuestro cerebro que ha hecho algo bien para que así tenga ganas de repetirlo en el futuro. Y, a partir de ahí, ¡práctica y más práctica!

Veamos otro ejemplo: imagina que necesitas desarrollar *asertividad*. Imagina que, en general, cuando una persona te pide que hagas algo que no es de tu agrado, en lugar de decir que no quieres hacerlo, te callas, no dices nada y haces lo que te piden. Pero luego, cuando llegas a casa y lo recuerdas, te sientes mal contigo mismo por no haber dicho que *no* querías hacerlo, es decir, por no haber sido asertivo. Y por más que hacer algo que va en contra de tu voluntad te sienta fatal, una y otra vez continúas asintiendo y haciendo aquello que alguien te pide. Por más que te gustaría dar un *no* como respuesta (o un *sí*, dependiendo de la situación), simplemente te es imposible. Y después, incluso cuando probablemente encuentres excusas para justificar tu comportamiento (en un intento de sentirte mejor contigo mismo), como, *"Me sabe mal decir que no"*, *"No quiero que se enfaden conmigo"*, etc., lo cierto es que, uno, te es imposible conducirte de forma asertiva y, dos, terminas sintiéndote mal contigo mismo.

No obstante, imaginemos que no somos asertivos simplemente porque nuestro cerebro *no sabe cómo*. Siendo así, no debería sorprendernos que, llegado el momento, sólo nos quede asentir y seguir u obedecer dictados, opiniones ajenas, etc. Pero, ¿qué pasaría si enseñásemos a nuestro cerebro la conducta opuesta?, ¿qué pasaría si aprendieses a expresar tu voluntad sintiéndote bien al hacerlo? Entonces, ¿por qué no enseñas a tu cerebro asertividad?

Mediante la técnica de visualización, puedes visualizar una situación en la que alguien te pide que hagas algo que no quieres hacer, algo a lo que normalmente responderías que sí, aun yendo en contra de tu voluntad. Para empezar, lo primero que debes hacer es visualizar *una vez* la situación y tu comportamiento normal. Después, desde la segunda vez que visualizas la secuencia y en adelante, en lugar de asentir u obedecer (o lo que normalmente hagas), debes imaginar que te opones o rechazas lo que se te pida, o expresas tu opinión divergente, etc. Es decir, en tu visualización, debes verte llevando a cabo conductas asertivas. A partir de ahí, debes visualizar repetidamente cómo se desarrolla esta nueva situación, hasta que llegue al final que quieras darle. Por ejemplo, puedes imaginar que una persona insiste e insiste en que hagas o digas algo, pero tú te mantienes firme: *no*. (En este ejemplo muestro la dificultad que algunas personas presentan a decir *no* pero, obviamente, a veces lo que nos cuesta es decir *sí*. La cuestión es aprender a expresar nuestra voluntad, en lugar de acallarla).

Recuerda que las visualizaciones pueden elicitar los mismos sentimientos que aquellos que sintamos en una situación real. En el ejemplo anterior, puede que la visualización te haga sentir incómodo. En tales casos, debes continuar visualizando hasta que superes tus miedos (teniendo en cuenta que tú controlas la situación) y te sientas a gusto. Pero, en caso de que la situación no mejore, en caso de que no comiences a sentirte cómodo con la visualización y, en cambio, comiences a sentirte ansioso, debes dejar de visualizar y darte un descanso, mientras que practicas un ejercicio de relajación (por ejemplo, uno de respiración como los que encontrarás en el anexo). También puede ayudarte comentar tu experiencia (al visualizar) y cómo te has sentido con alguien de confianza. Y una vez que te sientas bien de nuevo, entonces trata de volver a visualizar la situación, a ver qué tal te sienta. Si ves que la situación que intentabas visualizar te supera, simplemente plantéate una situación similar, pero que te resulte menos exigente, de modo que vayas incrementando la dificultad de forma gradual. De cara a una buena práctica, es esencial que nunca termines el ejercicio sintiéndote mal. Siempre debes terminar sintiéndote en control de la situación: tú eres quien decide lo que ocurre en cada momento. Y, si un ejercicio te resulta del todo incómodo, prueba a reducir el nivel de exigencia, de forma que te vayas exponiendo a la nueva situación que te incomoda gradualmente (por ejemplo, puede que te resulte más fácil comenzar a mostrar una conducta asertiva si imaginas una conversación con un amigo, que si te imaginas hablando con tu jefe). Por supuesto, también puede darse el caso contrario: que te sientas desahogado, aliviado o tal vez satisfecho contigo mismo, simplemente por haber superado esa barrera mental a expresar tu voluntad, u oponerte a las exigencias de ciertas personas, incluso cuando, de momento, sólo haya ocurrido en tu imaginación.

Recuerda: la forma en que respondes a las distintas situaciones no sólo es flexible, sino que puedes elegir cómo hacerlo. No tenemos por qué comportarnos como siempre lo hicimos: podemos cambiar. Sea lo que sea que quieras modificar o aprender, puedes trabajarlo mediante la visualización. Al final, se trata de que tu cerebro reconozca aquellas situaciones que le has mostrado previamente a través de la visualización y sepa cómo responder mejor a ellas. He conocido personas que han obtenido buenos resultados desde la primera vez que han utilizado la técnica de visualización, de modo que, ¡te animo a que lo intentes!

¡No te conformes con las respuestas que conoces!, ¡muestra nuevas formas de comportarse a tu cerebro! ¡El límite lo pones tú!

4. Usando tu imaginación

Ahora que ya sabes cómo puedes disciplinar y controlar tu mente, es momento de que aprendas a alimentarla. No, no me refiero a qué nutrientes necesita tu cerebro para poder funcionar correctamente. Tampoco a cómo la novedad (e.g. nuevos aprendizajes, nuevos entornos) es ideal para mantener tu cerebro saludable a lo largo de los años, sino a cómo puedes alimentar tu mente para que te ayude a conseguir tus metas. Pues bien, es muy sencillo: la mente se alimenta de ilusión, de entusiasmo, de sueños.

"De acuerdo, será muy sencillo, pero ¿cómo puedo soñar despierto?"

No te preocupes. Es normal que te hagas esta pregunta. Si eres como muchos adultos, ya habrás dejado de soñar y, posiblemente, también de creer en ti mismo. Es normal. No te preocupes. Sin embargo, cuando eras pequeño esto no era así. Cuando eras pequeño, el mundo no era más grande que tú. Cuando eras un niño, posiblemente alguna vez pensaste en qué querías hacer, dónde querías llegar, en quién querías convertirte... y seguramente sentiste que algún día, todo eso sería verdad:

- *"De mayor quiero trabajar en..."*

- *"Cuando sea mayor voy a..."*

Entonces no pensabas en términos de si era fácil o difícil, si era posible o imposible. Simplemente pensabas en lo que querías y te sentías a gusto imaginándolo. En algún momento de tu vida, como nos ocurre a todos los adultos, la vida se complicó. De repente, comenzaste a tener responsabilidades que antes no tenías, a pagar facturas, a tener que trabajar y ganar dinero y entonces, probablemente sin darte cuenta, comenzaste a pensar que soñar y tener sueños es de ser inmaduro: ya era hora de crecer, de convertirse en un adulto. Había que ser serio, había que madurar, ya que en el mundo adulto no hay espacio para tener sueños, hay que ser *realista*. Y si no salió de ti pensar de esta manera, seguro que muchas personas de tu entorno te lo recordarían:

- "Ya tienes 30 años; es hora de que te tomes las cosas más en serio".

- "A tu edad lo normal es que…".

- "¿No te da vergüenza perder el tiempo con esas tonterías? ¡Ponte a hacer algo productivo!"

(Inciso: por cierto, qué gran frase ésa de *lo normal es que*… Me pregunto por qué le gusta tanto a algunos utilizarla).

Es una lástima, pero esto ocurre más a menudo de lo que debería. Las buenas noticias son que no importa qué edad tienes o cuánto tiempo llevas sin soñar, porque todavía estás a tiempo de cambiarlo.

"Pero ¿cómo?, ¿cómo puedo volver a soñar como cuando era un niño?"

La herramienta mental que utilizamos para soñar se llama imaginación. Sí, eso que antes usabas tanto y que ahora, paradójicamente, sólo usas para una cosa: para preocuparte. Así que, como ves, lo mismo no has perdido del todo la práctica… Lo que ocurre es que, en lugar de utilizar tu imaginación para pensar en lo que quieres conseguir, en los sueños que te gustaría alcanzar, en la persona que quieres llegar a ser, la utilizas para visualizar aquello que no quieres que ocurra, aquello que te gustaría poder evitar. En definitiva, generalmente los adultos utilizamos la imaginación sólo para todo cuanto tenga que ver con problemas, preocupaciones, inquietudes, dificultades o posibles catástrofes que podrán o no ocurrir en el futuro, es decir: para preocuparnos. En el *mundo adulto*, dedicar tiempo a todo este tipo de pensamientos negativos sí es *normal* y aceptable, mientras que si uno se para a soñar despierto en cosas positivas, entonces es un inmaduro, un irresponsable o, cuanto menos, un soñador.

(Apunte personal: nunca olvidaré cómo uno de mis amigos me insinuó que tenía un problema psicológico simplemente porque me negaba a conformarme con cualquier trabajo, "como hacen todas las personas" -según él- y seguía determinado a seguir los pasos que me dictaba mi corazón).

De modo que utilizar la imaginación para preocuparse y amargarse el día o la existencia (y no sólo a nosotros, sino también a nuestra pareja, familia, etc.) está completamente aceptado en el *mundo adulto*. Ahora bien, en el momento en que uno se atreve a pensar que tal vez algún día uno pueda hacer, conseguir y/o llegar a ser algo más, entonces, como decía antes, inmediatamente encontraremos a alguien de nuestro entorno que nos diga:

- "Tienes que ser más realista, ¡a ver si maduras!"

- "Deja de soñar y ¡ponte a hacer algo! Si no, ¡nunca llegarás a conseguir nada!"

- "Eres como eres: las personas no cambian"

Y lo que es peor: la mayoría de las veces no necesitamos que nadie trate de poner freno a nuestra imaginación, pues somos nosotros mismos quienes *nos cortamos las alas*:

- *"Quizá debería estar contento con el trabajo que tengo. A fin de cuentas, hay muchas personas desempleadas en mi ciudad".*

- *"Es verdad, es mejor que me ponga a hacer algo productivo. Estoy perdiendo el tiempo con esto".*

- *"No creo tener lo que exigen para ese puesto".*

Por tanto, ¿utilizar la imaginación para soñar con un futuro mejor?, ¡de ninguna manera! Eso sí, ¡para preocuparnos no existe límite!, ¡pierde tanto tiempo como quieras!

Lo paradójico de todo esto es que, normalmente, un elevado porcentaje de nuestros problemas, miedos, preocupaciones, etc., nunca llega a materializarse. Suelo decir a mis clientes:

"Si habiendo llegado al final de nuestras vidas mirásemos atrás y tratásemos de recordar todas las veces que nos preocupamos, que nos amargamos días enteros y hasta semanas, todas esas malas rachas que pasamos preocupados pensando en cosas terribles que inevitablemente parecía que ocurrirían, probablemente, nos daríamos cuenta de que la mayoría nunca llegaron a suceder".

Párate a pensarlo. Es probable que incluso hoy mismo, si mirases atrás en tu vida, llegarías a la misma conclusión. Es decir, que salvo en escasas ocasiones, pasamos un tiempo muy valioso de nuestra vida preocupándonos por cosas que jamás llegarán a suceder. Es más, incluso cuando sí sucedieron, es posible que fuesen menos terribles de lo que aparecían en nuestra mente al imaginarlas o, lo que no deja de ser paradójico: en lugar de para mal, al final, aquello que tanto temíamos resultó traer consigo un cambio para mejor. Cabe añadir que incluso el tiempo que pasamos preocupados por algo negativo que sí terminó por suceder fue en balde, ya que preocupándonos ni evitamos el problema ni lo solucionamos, sino al contrario: lo agravamos (ya que al problema que tenemos le añadimos nuestra preocupación).

Cosa distinta sería tratar de solucionar un problema pensando con claridad (lo cual, obviamente, no es preocuparse). Al contrario, el estrés que provoca el hecho de preocuparse suele interferir con llevar a cabo un razonamiento cabal, el cual sí podría ayudarnos a solucionar nuestros problemas. Es siempre más práctico pensar en cómo solucionar un problema que preocuparse. Si de momento no podemos hacer nada, en lugar de preocuparnos, es mejor practicar la gran virtud que es la paciencia y esperar tranquilamente a que una situación *a priori* problemática se desarrolle, que imaginar fantasmas, cultivar estrés y agobiarse innecesariamente antes de tiempo, cuando en la mayoría de los casos lo hacemos en balde. Como dice el dicho inglés:

"Crucemos el puente cuando hayamos llegado a él".

4.1 Tener un sueño te llevará más lejos

No hay mayor fuente de motivación que la que proporciona tener un sueño, un objetivo definido y tratar de conseguirlo. Es por esto que debemos pararnos a reflexionar:

"¿Acaso es tan perjudicial soñar despierto?, ¿debo renunciar a mis sueños simplemente porque parece difícil que los alcance, porque nadie lo ha hecho antes, porque nadie me apoya?"

Sólo tú puedes responder a estas preguntas. No obstante, déjame decirte que desde el momento en que dejas a un lado lo que es posible o imposible, lo que se puede o no se puede, lo que te dicen unos y otros, y únicamente te centras en imaginar cómo quieres que sea tu vida y qué quieres conseguir, entonces tu vida cobrará un sentido que antes no tenía. Cuando encuentres un propósito, de repente, toda tu existencia cambiará, porque tú habrás cambiado. Por fin tendrás una razón por la cual afrontar todos los obstáculos y ponerte manos a la obra. En muchas ocasiones, para cambiar nuestra vida sólo basta que, repentinamente, nos demos cuenta de que *sí podemos*, que podemos alcanzar nuestros sueños. Cuando somos conscientes de esta verdad tan simple, cambiamos. Y al cambiar, veremos nuestras circunstancias de forma diferente.

"Sí, pero... la verdad es que no lo veo claro. Incluso si disciplino mi mente y encuentro la motivación necesaria para perseguir mis sueños, ¿cómo voy a conseguirlos?, ¿qué hago?, ¿por dónde empiezo?, ¿qué voy a conseguir simplemente imaginando lo que quiero?"

Como mencioné en el capítulo anterior, tu cerebro no distingue lo que es real de lo que no lo es. Lo cierto es que tú sí puedes, pero tu cerebro no. Si este no fuese el caso y tu cerebro pudiese distinguir entre una amenaza real y una ficticia (una que tú imaginas), cuando te preocupases por algo que puede o no ocurrir en el futuro, tu estado emocional no se vería alterado, puesto que tu cerebro sabría que simplemente estás imaginando algo que no es real, ¿verdad? Sin embargo, cuando nos preocupamos, es decir, cuando utilizamos nuestra imaginación para pensar en algo negativo que creemos que sucederá, ¿acaso no provocamos una reacción negativa *muy real* en nuestro organismo? Basta sólo unos minutos pensando en algo negativo para que nuestro estado emocional comience a cambiar y nos sintamos estresados, ansiosos, tristes, etc. Gracias a dios, este mecanismo funciona del mismo modo cuando pensamos en algo positivo por el tiempo necesario: al cabo, provocaremos una reacción positiva en nuestro organismo.

Pero, es más, mientras visualizamos, estamos diciendo a nuestro cerebro qué queremos conseguir. Las imágenes ejercen una gran estimulación sobre nuestro pensamiento, de modo que si activamente visualizamos aquello que queremos que ocurra, nuestra mente inconsciente tomará nota y tratará de conseguir que eso suceda. Exactamente igual pasará si imaginamos lo que no queremos que acontezca: nuestra mente inconsciente tomará nota y tratará igualmente de atraer aquello que visualizamos. En cierto modo es parecido a cuando conducimos: el coche tenderá a dirigirse hacia donde miremos. Si, por ejemplo, nos despistamos mirando algo a nuestra izquierda, es muy probable que sin darnos cuenta, comencemos a girar el volante en esa dirección. En las carreras de coches es bien sabido que, en caso de posible accidente, lo último que debe hacer un piloto que va a chocar contra un muro es mirarlo, ya que entonces dirigirá el coche directamente hacia éste. El piloto debe mirar hacia donde quiere ir, al contrario de mirar hacia donde no quiere ir. Del mismo modo, cuando un piloto de carreras traza una curva no mira a la entrada de ésta, sino a la salida: deja que su mente inconsciente salve la distancia entre ambos puntos, entre la entrada y la salida de la curva. Igualmente, tú debes pensar dónde quieres llegar, en lugar de concéntrate en lo que te gustaría evitar.

¡Presta atención y visualiza sólo aquello que quieres que ocurra en tu vida!

No subestimes el poder que tus pensamientos ejercen sobre tu vida. Todos tenemos ideas definidas sobre nosotros mismos y nuestras circunstancias. En muchas ocasiones, estas ideas no se corresponden con la realidad y, sin embargo, nosotros las creemos fielmente, ya que son nuestras ideas. De hecho, si alguien o algo las pone a prueba, haremos lo posible por defenderlas, ya que son una parte de nosotros. El problema es que, si hace falta, nuestro cerebro tergiversará la realidad de manera que sólo veamos la parte de nosotros mismos o de nuestras circunstancias que nos interesa, la parte que coincide con nuestras ideas. De modo que, aun cuando podamos estar equivocados, incluso si nuestras ideas nos hacen más daño que bien, nuestro cerebro hará lo posible para que nuestras predicciones sean correctas, puesto que así nos sentiremos en control de nuestra vida: nuestro modelo del mundo y la realidad "coinciden".

¿Has oído alguna vez el término "profecía autorrealizada" o "autocumplida"? Básicamente, viene a describir lo que estoy diciendo: las creencias de una persona, incluso cuando sean erróneas, terminan determinando su conducta y, en cierta medida también sus circunstancias. Es decir, que aquello en lo que uno cree, termina por convertirse en realidad. El hecho de tener una creencia determinada actúa como la causa de lo que posteriormente puede llegar a convertirse en realidad. Por ejemplo, imagina una persona que piensa de sí misma que no va a encontrar trabajo porque no vale. Su cerebro, de forma inconsciente, hará todo lo posible para que esta persona no encuentre trabajo. Buscará trabajo sin ánimo, irá a las entrevistas sin confianza y dejará pasar posibles oportunidades de empleo, ya que, a fin de cuentas:

- *"No encontraré trabajo porque no valgo"*.

- *"Iré a la entrevista, pero servirá de poco; a mí no van a elegirme"*.

- *"Ya sabía yo que no encontraría trabajo. Si es que no valgo"*.

Es más, si se da la casualidad de que esta persona encuentra un puesto de trabajo, es probable que atribuya su éxito a la suerte:

- *"Ha sido cuestión de suerte. Ya veremos cuánto tiempo duro en este trabajo"*.

Imagina esta persona respondiendo a la típica pregunta: "¿Por qué crees que deberíamos contratarte a ti y no a otro candidato?

El problema estriba en que, a menos que alguien te ayude a darte cuenta de que tu forma de pensar está sesgada, es difícil que te des cuenta por ti mismo (aunque con un poco de reflexión, sin duda es posible). Lo que puedes hacer es tratar de sorprenderte teniendo pensamientos de este tipo (erróneos o que te limitan) y cambiarlos por otros más adecuados, que te ayuden. De modo que, antes de hacer algo importante, asegúrate de que reflexionas acerca de la actitud mental que te gustaría tener a la hora de enfrentarte a la situación. ¿Quién sabe?, lo mismo te sorprendes a ti mismo pensando de un modo que difícilmente te ayudará a llegar más lejos en tu vida.

4.2 Utiliza la imaginación a tu favor

Ahora que sabes la fuerza que tu imaginación tiene sobre tu pensamiento, sobre tu estado emocional y sobre tu vida, es momento de que pongas lo aprendido en práctica y comiences a utilizar tu imaginación a tu favor. De nuevo, como decíamos en el primer capítulo:

¿Quieres ser director o víctima de tu pensamiento?

Si eliges ser *director*, crearás, imaginarás un futuro a tu gusto, a la medida de tus sueños, de modo que te motive y te ayude a alcanzar lo que te propongas. Sin embargo, si eres *víctima* de tu pensamiento, desperdiciarás una buena parte de tu existencia visualizando cosas negativas que tal vez nunca lleguen a ocurrir o, lo que es peor, tratando inconscientemente de atraer aquello que no quieres que suceda.

"¿Y cómo puedo ser director y no víctima de lo que mi mente visualiza?"

Para volver a utilizar tu imaginación de forma positiva, sólo necesitas hacer lo mismo que haces cuando te preocupas, pero esta vez nutriendo tu imaginación con imágenes y pensamientos positivos. Es así de sencillo. Se trata de visualizar de acuerdo con los siguientes parámetros:

- Debes visualizar aquello que quieres conseguir.

- Debes visualizar aquello que quieres que ocurra.

- Tienes que sentir lo que estás imaginando como si fuese real, como si estuviese ocurriendo.

En general, se trata de visualizar aquello que queremos como si lo estuviésemos viviendo, como si fuese una película y nosotros fuésemos su protagonista, como si ya estuviésemos ahí. Insisto, es tan fácil como hacer lo mismo que cuando nos preocupamos. Incluso las preguntas que nos haremos serán similares. Lo que variará es que, esta vez, tanto preguntas como respuestas tendrán un tono optimista:

- *¿Qué pasará si...?*

- *¿Y si consigo...?*

La imaginación es una parte primordial en el camino hacia alcanzar nuestros sueños.

En palabras de Alan Key:

"El mejor modo de predecir el futuro es inventándolo".

No obstante, no podemos conformarnos con imaginar un gran porvenir de forma espontánea, repentina, sino que debemos hacerlo consistentemente. No se trata de ponernos a soñar despiertos un día y no hacerlo el resto, sino de visualizar de forma continuada nuestro futuro, de modo que lleguemos a motivarnos y a creer que podemos conseguirlo. Además, debemos tener muy claro qué queremos conseguir exactamente, ya que cuanto más precisas sean las instrucciones que demos a nuestro cerebro, más fácil será que lo consigamos.

Por ejemplo, imagina que tienes un conjunto de piezas de *Lego®* delante de ti y te dispones a construir un coche. Si sólo piensas, *"voy a construir un coche"*, puede que termines construyendo algo parecido a un pequeño utilitario o un turismo o que tu idea comience a tomar forma de furgoneta o que, incluso, al no tener claro qué quieres construir, termines por aburrirte y no construyas nada. Pero si desde el principio tienes claro qué te gustaría construir, es más fácil que lo consigas. Sabiendo lo que quieres, buscarás las piezas que necesitas e ignorarás las demás. Además, es probable que no dejes de intentarlo hasta que hayas terminado, hasta que hayas construido lo que querías. Del mismo modo, debemos saber cómo queremos que sea nuestro futuro, para así poder trabajar en él (construirlo), reconociendo y sacando provecho de las oportunidades que se vayan presentando, y sin darnos por vencidos hasta que hayamos conseguido lo que queríamos.

Tienes que definir con tal exactitud lo que quieres conseguir, de forma que si le contases tus sueños a otra persona, ésta pudiese representarlos en su mente con todo detalle. Es parecido a introducir una dirección en un GPS. Si quieres llegar a tu destino, no te basta con introducir el nombre del país y de la ciudad, sino que el GPS te preguntará por el nombre de la calle y el número. Así, el GPS se asegura de llevarte a la dirección correcta. Del mismo modo, si queremos llegar donde nos hemos marcado, deberemos introducir los datos en nuestro cerebro como si de un GPS se tratara: con exactitud. A la vez, hacer esto nos obliga a aclararnos con nosotros mismos (¿qué queremos realmente?) y a saber hacia qué dirección deberemos orientar nuestros pasos.

Siguiendo las palabras de Séneca:

"Ningún viento favorece a quien no sabe a qué puerto se dirige".

4.3 ¿Y cómo sé yo qué es lo que quiero exactamente?

Cuanto más te conozcas a ti mismo, más probabilidades tendrás de saber qué quieres. Como aconsejaba Anthony De Mello[17], para conocerse a uno mismo no hay nada mejor que, simplemente, observarse a uno mismo y reflexionar sobre nuestro comportamiento. Él no decía que debamos juzgarnos, ni siquiera buscar los porqués de nuestra conducta, sino tan sólo observarnos como "un científico que observa una comunidad de hormigas, sin otro fin que estudiarlas y aprender cuanto sea posible de ellas". Ahora bien, si las hormigas no hacen nada, ¿cómo podemos averiguar algo de ellas? Del mismo modo, si nos limitamos a sentarnos y observarnos mientras no hacemos nada más que darle vueltas a nuestros pensamientos, el resultado será poco esclarecedor y puede incluso que nos confunda. Esto lo explicó de manera muy acertada el filósofo británico Bertrand Russell en su historia:

Las dos máquinas de salchichas[18]

Érase una vez dos máquinas de hacer salchichas, exquisitamente construidas para la función de transformar un cerdo en las más deliciosas salchichas. Una de ellas conservó su entusiasmo por el cerdo y produjo innumerables salchichas; la otra dijo: «¿A mí qué me importa el cerdo? Mi propio mecanismo es mucho más interesante y maravilloso que cualquier cerdo». Rechazó el cerdo y se dedicó a estudiar su propio interior. Pero al quedar desprovisto de su alimento natural, su mecanismo dejó de funcionar, y cuanto más lo estu-

---

[17] Anthony De Mello, *¡Despierta!*
[18] Bertrand Russell, *La conquista de la felicidad.*

diaba, más vacío y estúpido le parecía. Toda la maquinaria de precisión que hasta entonces había llevado a cabo la deliciosa transformación quedó inmóvil, y la máquina era incapaz de adivinar para qué servía cada pieza. Esta segunda máquina de hacer salchichas es como el hombre que ha perdido el entusiasmo, mientras que la primera es como el hombre que lo conserva. La mente es una extraña máquina capaz de combinar de las maneras más asombrosas los materiales que se le ofrecen, pero sin materiales procedentes del mundo exterior se queda impotente; y a diferencia de la máquina de hacer salchichas, tiene que conseguirse ella misma los materiales, porque los sucesos solo se convierten en experiencias gracias al interés que ponemos en ellos. Si no nos interesan, no sacamos de ellos nada en limpio. Así pues, el hombre cuya atención se dirige hacia dentro no encuentra nada digno de su interés, mientras que el que dirige su atención hacia fuera puede encontrar en su interior, en esos raros momentos en que uno examina su alma, los ingredientes más variados e interesantes, desmontándose y recombinándose en patrones hermosos o instructivos.

La idea es que, para aprender de nosotros mismos, deberemos estar haciendo algo o interactuando con alguien. No digo con esto que esté en contra de la introspección como medio de conocerse a uno mismo (¡ni mucho menos!), sino que, sin acción, la introspección puede resultar estéril y puede llevar a la confusión.

Años atrás puse en práctica el consejo que nos daba De Mello y lo cierto es que resultó muy acertado. Si comenzamos a observarnos, poco a poco, sin necesidad de darle vueltas a la cabeza, iremos conociéndonos cada vez más a nosotros mismos. Buda también sugería a los monjes que seguían su enseñanza que fuesen conscientes de sí mismos: tanto de su pensamiento, como de sus sentimientos y sus acciones. Debemos *observar* qué pasa por nuestra conciencia, cómo nos sentimos y cómo respondemos ante distintas situaciones y personas (e.g. ¿qué cosas, situaciones o personas nos hacen más felices?), pero sin dedicarnos a darle vueltas al asunto. A menudo, basta simplemente con una mera "impresión" o sensación para que nos demos cuenta de algo, como acertadamente indicaba el psicólogo ruso Lev Vigotsky cuando decía que "Uno no necesita decírselo todo a sí mismo".

De noche, una vez encontremos unos minutos para reflexionar, podemos recuperar ciertas reacciones o impresiones que hayamos tenido durante el día, lo cual nos será de gran ayuda de cara a conocernos mejor.

4.4 Averigua qué es lo que te apasiona hacer

Un gran número de personas que tienen éxito en su profesión, aman lo que hacen. En teoría, si "amamos nuestra profesión", nos resultará muy difícil cansarnos de ella. Además, de seguro continuaremos aprendiendo y formándonos, lo cual tarde o temprano nos debería hacer destacar en nuestro campo. Por eso, para saber hacia dónde deberíamos dirigir nuestros pasos (ya sea siendo jóvenes o de cara a un cambio de carrera), suele aconsejarse que nos guiemos por aquello que amamos. Sin embargo, éste no es siempre el mejor consejo ya que, si bien puede ser un buen punto de partida (aunque no es tan fácil averiguar *qué es aquello que amamos*), también puede causarnos mucha confusión (como veremos más adelante).

Una vez conocí a una persona que quería realizar un cambio de carrera, pero no tenía claro hacia dónde dirigir sus pasos. La llamaremos María. María tenía un buen trabajo, pero no la hacía feliz. Tenía ciertas ideas en mente, pero no estaba segura de a cuál de ellas debía dar luz verde. Como punto de partida, me comentó cómo sus padres la habían convencido (en realidad, prácticamente la obligaron) para que estudiase en la universidad, en lugar de hacer un curso de peluquería, que era lo que ella quería hacer en ese momento (ocho años atrás). Por eso, como idea principal había valorado hacer ese curso de peluquería que nunca hizo y, más tarde, abrir un salón de belleza. María se sentía perdida, incapaz de decirme qué le entusiasmaba, qué le hacía vibrar de una manera especial.

(A fin de cuentas, es normal que nos sintamos perdidos si pasamos demasiado tiempo ignorando esa *vocecilla interior* que nos dice que no está feliz, que debemos cambiar. Así lo único que conseguiremos es separarnos de nuestro *yo*, creando una gran confusión en nuestro interior que, finalmente, nos hará perder el norte. En estos momentos es cuando uno ya no está seguro de nada, no sabe a quién escuchar o qué consejos seguir, ya que nuestra voz interior, que es lo que debería marcarnos el rumbo, ha quedado relegada a un segundo plano).

María había pensado abrir un salón de belleza porque era lo que quería hacer antes de ir a la universidad, era aquello que sentía más genuino, más cercano a la persona que era antes de comenzar sus estudios. Sin embargo, durante nuestras conversaciones, cuando me comentó cómo veía su futuro en el salón de belleza, me dijo que se veía organizándolo todo, contratando personal, ocupándose de los pagos, de cobrar, etc. Es decir, se veía haciendo de todo menos algo que tuviese realmente que ver con los servicios que ofrece un salón de belleza. Entonces nos dimos cuenta de que a ella lo que en realidad le gustaba era planificar, organizar y dirigir. En su trabajo, María no tenía opción de dirigir. Además, contaba con un ambiente laboral muy competitivo que no era de su agrado. No obstante, su trabajo le aportaba cierta satisfacción, ya que hasta cierto punto le permitía planificar y organizar. María es una persona altruista y con un gran corazón que se encontraba trabajando en un ambiente altamente competitivo dentro del mundo de los negocios. Al final, decidió abandonar su trabajo y buscar uno que contase con un ambiente de cooperación, de trabajo en equipo y con posibilidades reales de acceder a un puesto donde poder dirigir un grupo de personas. María terminó eligiendo un trabajo que le permitía *amar lo que hace*, en lugar de *hacer lo que ama*. Es decir, a ella le encantaba todo lo relacionado con el mundo de la belleza, sin embargo, eso no significaba que quisiese trabajar como estilista, ni mucho menos.

(Durante nuestra vida, deberemos sucumbir frecuentemente a presiones externas que nos harán dejar a un lado los dictados de nuestro interior. La familia cercana suele ser uno de los principales responsables de esto, como le sucedió a María. Otras veces son los amigos más cercanos, los grupos sociales a los que pertenecemos, el trabajo, etc. Si queremos vivir felices, es necesario encontrar el equilibrio entre nuestro mundo interior y el exterior, entre nuestra voz interior y las demandas del exterior. Por más que sigamos un camino lleno de dificultades, si nuestros pasos siguen los dictados de nuestro corazón, seremos más felices que si tenemos una vida fácil, pero en disonancia con nuestro interior. Antes o después, si queremos vivir en harmonía, deberemos escuchar nuestra voz interior y seguir su voluntad).

De camino hacia el éxito es muy probable que nos encontremos con algún fracaso antes de llegar a nuestro destino final, de modo que si realmente nos encontramos a gusto con lo que hacemos, encontraremos la determinación y el coraje para continuar luchando cuando las circunstancias se pongan difíciles. Al contrario, si sólo ponemos *medio corazón* en aquello que nos ocupa, es probable que abandonemos cuando las circunstancias se compliquen. Por eso, para tener éxito es tan importante dedicarse a aquello que nos satisface.

a) ¿Qué me motiva?

Muchos adultos no saben qué les apasiona. Por eso, para tratar de esclarecer sus dudas, suelen aconsejarse las siguientes preguntas: ¿Qué te hacía feliz de pequeño?, ¿qué te hace más feliz hoy día?, ¿cuál es tu *hobby?* A algunas personas, responder a estas preguntas puede darles algunas indicaciones sobre qué es aquello que puede hacerlas más felices. No obstante, hay que tomar las respuestas con mucha precaución, puesto que conforme vamos creciendo y avanzando en la vida, vamos cambiando también de gustos. Igual que es probable que ahora no te guste la misma comida que te gustaba de pequeño, puede que, igualmente, lo que antes te hacía más feliz no lo haga ahora. Es por esto que si partimos de la creencia errónea de que lo que nos apasionaba de pequeños debe entusiasmarnos también ahora, tal vez acabemos muy confundidos.

"¿Qué te hace más feliz hoy día?, ¿cuál es tu hobby?"

A la hora de averiguar qué podría hacernos más felices en un futuro ideal, debemos intentar evitar por todos los medios no cometer el siguiente error: confundir nuestro *hobby* con aquello a lo que deberíamos dedicarnos. No es lo mismo realizar aquello que nos apasiona por placer que por obligación.

Imagina una persona que disfruta tanto de la fotografía en su tiempo libre que decide poner una tienda de fotografía o dedicarse a ésta como fotógrafo profesional. Es posible que esta persona descubra amargamente cómo lo que le apasionaba hacer como *hobby*, no le agrada como obligación. Así, no sólo queda totalmente confundida, sino que, además, será menos feliz que antes, ya que no sólo habrá invertido tiempo y dinero en una ocupación que no la hace feliz, sino que también habrá perdido la posibilidad de disfrutar del que antes era su *hobby*, que tanta satisfacción le reportaba. Amargamente, pensará: *"¿Qué me pasa? Yo amaba la fotografía, ¿por qué ya no tengo ganas de hacer fotos? Creía que debía dedicarme a lo que amaba, a mi pasión. Y ahora, ¿qué hago?*

Recuerda, no confundas tu *hobby* con tu obligación (trabajo). Y sí, aun cuando es posible que termines *amando a lo que te dedicas* (como es el caso de muchas personas de éxito), eso no significa necesariamente que te *dediques a lo que amas*. Es decir, debemos distinguir entre que *nos apasione lo que hacemos* y que *hagamos lo que nos apasiona*. Volviendo al caso de María, ella no acabó haciendo lo que amaba (el mundo de la belleza, salud y bienestar), sino amando lo que hace (planificando, dirigiendo).

Como veremos más adelante, cuando se trata de averiguar qué ocupación nos aportará mayor satisfacción, deberemos reflexionar profundamente, no sobre qué nos gusta hacer, sino por qué nos gusta hacerlo. Es decir, ¿qué conlleva realizar esa actividad que tanto nos satisface?

b) ¿Cómo puedo guiarme por aquello que me apasiona, si parece que cada cierto tiempo me apasiona algo distinto?

Hay personas que, de algún modo, parece que nunca dejan de entusiasmarse por cosas distintas. Por ejemplo, en mi caso personal, por un tiempo estuve completamente absorbido por la filosofía, luego fue la psicología lo que llamó mi atención; más tarde, la fotografía; al interés por la nutrición deportiva le siguió aprender a montar ordenadores... incluso valoré hacer un curso de piloto de helicópteros.

Aunque parezca difícil encontrar qué es aquello que nos apasiona, lo cierto es que no lo es tanto. Se trata de tomar las actividades o hobbies que nos gusta hacer y analizar a un nivel más profundo qué nos aportan realmente. Es decir, lo que nos apasiona de un *hobby* no es necesariamente lo que hacemos en sí mismo, sino lo que conlleva, lo que nos aporta el hecho de realizar tal actividad. Si entendemos esto, tendremos verdaderas posibilidades de averiguar lo que nos hará sentirnos completamente satisfechos y motivados, sin importar los obstáculos o dificultades que la vida ponga en nuestro camino.

Por ejemplo, en el caso de una persona que disfruta de la fotografía como *hobby*, puede que, en realidad, lo que realmente le aporte felicidad no sea hacer fotos, retocarlas y tal vez compartirlas en internet o mostrarlas a sus amigos; es decir, puede que la fotografía en sí misma no sea lo que realmente esté aportando tanto a su vida, sino los siguientes aspectos relacionados con el *hobby*:

- Desconectar de su rutina diaria dedicándose a hacer algo cuando le apetece, el tiempo que le apetece y sin ningún tipo de presión (interna o externa).

- Con el objetivo de hacer fotos, puede verse viajando y conociendo distintos lugares.

- Realizar una tarea diferente a la que lleve a cabo a nivel profesional (e.g. una tarea creativa en lugar de analítica).

- Que su *hobby* sea más gratificante y ofrezca más posibilidades de crecimiento y aprendizaje que su trabajo.

- Conocer nuevos modelos de cámaras, objetivos, fundas, mochilas, trípodes, etc. a los que prestar atención, analizar y seguir a través de los distintos foros de internet, publicaciones, etc.

- Que le aporte una sensación de valía personal porque tenga un mayor rendimiento o éxito en su *hobby* que el que tiene en su trabajo. Tal vez, en su empresa, esta persona ocupe un puesto de trabajo sin mayor relevancia y se sienta "un empleado más", mientras que en su *hobby* puede que sea miembro de un foro de internet al que todos los allí inscritos acuden buscando consejo.

Podría citar otros ejemplos pero, en definitiva, de lo que se trata es de que nos demos cuenta de que esta persona, igual que se interesó por la fotografía, podría haberse interesado por otro *hobby* (e.g. dibujo o pintura), el cual le habría reportado beneficios similares.

En conclusión, lo que nos apasiona de un *hobby* no es necesariamente la actividad en sí misma, sino aquello que implica, aquello que conlleva realizar dicha actividad y aquello que nos aporta indirectamente. Por ejemplo:

- Nos ofrece una oportunidad de aprendizaje y de superación continua (supone un reto de dificultad creciente, pero gradual).

- Nos evade de nuestra rutina.

- Nos aporta feedback positivo, nos gratifica.

- Nos aporta confianza y satisfacción personal.

- Nos pone en contacto con otras personas de gustos similares y facilita el desarrollo de nuevas amistades.

Por tanto, a la hora de decidir a qué te quieres dedicar exactamente, qué te hará más feliz, qué aportará más satisfacción a tu vida, no sólo pienses en las cosas que amas hacer, sino más bien, piensa en por qué amas hacerlas.

"¿Qué conllevan estas actividades que me hacen disfrutar tanto?, ¿qué implican?

Una vez descubras qué es lo que realmente motiva tu comportamiento, estarás en disposición de elegir con mayor acierto una actividad a la que dedicar tu futuro, la cual probablemente te hará feliz.

4.5 ¿Y si no me apasiona ninguna actividad?

Finalmente, aunque se salga un poco del tema de este libro, me gustaría añadir que muchas personas comienzan nuevos *hobbies* en edades ya adultas sin saber si será algo que les gustará o no, sin estar convencidas. Unas veces por casualidad (e.g. te regalan una cámara de fotos por tu cumpleaños), otras por curiosidad (e.g. *"¿Cómo será eso de tocar la guitarra?"*) o, simplemente, porque un amigo o conocido nos invita o nos incita a probar (como fue el caso de Álvaro, el piloto de carreras antes mencionado, que entró en ese mundillo gracias a que un amigo insistió en que fuese con él a visitar un circuito y probar).

En definitiva, nunca es tarde para interesarse por algo nuevo y, con seguridad, lo que al principio puede que no nos llene del todo, conforme vayamos desarrollando conocimiento y habilidad, puede terminar por satisfacernos plenamente. Si no sabes qué te apasiona, prueba distintas actividades; ahora bien, recuerda que debes dedicarle un mínimo de tiempo a la misma actividad hasta que ésta comience a reportarte satisfacción.

Igualmente, ten en cuenta que a las personas nos gusta hacer aquello que se nos da bien. Si probamos algo nuevo y nos sentimos incómodos, torpes, o que simplemente se nos da mal (lo cual sería del todo normal, ya que "nadie nace sabiendo"), puede que se nos quiten las ganas y desistamos en el intento. Lo paradójico de esto es que toda actividad requiere de un tiempo determinado para llegar a hacerla bien (o medianamente bien), tanto más cuanto más compleja sea dicha actividad. Por más que esto sea obvio, muchos de nosotros nos desanimamos cuando las cosas no nos salen bien desde el principio (a la primera), en lugar de ser pacientes y perseverar en nuestro intento. Para esto, es bueno recordar que, al inicio, es normal que cualquier tarea que sea mínimamente compleja conllevará más esfuerzo que gratificación. Sin embargo, perseverando desarrollaremos un nivel mínimo de habilidad o conocimiento, el cual será suficiente para comenzar a disfrutar plenamente de aquello que hagamos.

Paradójicamente, es común que aquellas actividades que reúnen los ingredientes necesarios para satisfacernos plenamente a largo plazo *requieran una mayor inversión inicial de esfuerzo*, a la vez que resultan menos gratificantes en su comienzo (e.g. aprender a tocar un instrumento o a hablar un nuevo idioma). No obstante, por más que parezca contradictorio, aprender algo nuevo suele resultar gratificante por sí mismo, a pesar de la dificultad inicial. El mero hecho de tener que concentrar toda nuestra energía mental en el aprendizaje de algo nuevo suele ser por sí mismo suficiente como para aportarnos ciertos beneficios iniciales (indirectos) ya que, como mínimo, esto hará que dejemos de pensar en problemas o nos ayudará a despejarnos. Ten en cuenta que a tu cerebro "le encanta" aprender cosas nuevas (además, ¡pocas cosas ayudan más a mantenerlo joven!).

No olvides que las actividades que más nos llenan son aquellas que ofrecen posibilidades de crecimiento continuo, pero que, además, nos suponen un reto progresivo. Es decir, actividades cuya dificultad es creciente, las cuales podremos hacer durante toda la vida, por lo que nos aportarán satisfacción continuamente. Este tipo de actividades hay que planteárselas como una inversión a medio/largo plazo. Además, para disfrutar de muchos de los beneficios indirectos que mencionábamos antes, no hace falta destacar, sino simplemente continuar realizando cualquier actividad mínimamente compleja. A fin de cuentas, se trata de disfrutar y desarrollar hábitos de vida saludables que nos ayuden a llevar una vida plena.

Al contrario, sentarse un día más a ver la televisión puede resultar gratificante desde el primer minuto y no requiere ningún tipo de esfuerzo. Sin embargo, a medio/largo plazo, el grado de satisfacción que puede llegar a aportarnos es muy limitado, además de no ofrecer los beneficios (directos e indirectos) que brindan las actividades más complejas.

En mi caso personal, siempre he ido probando cosas nuevas y, cuando alcanzaba cierta destreza o nivel de conocimiento, las abandonaba y comenzaba algo distinto. Al final, me di cuenta de que lo que me apasiona es simplemente aprender. Me encanta aprender cosas nuevas, además de la variedad y el cambio. Para mí no es tan importante qué aprendo, como lo es el hecho de aprender algo nuevo, algo que sea diferente, un nuevo reto. Sin embargo, también me di cuenta de que en ciertas áreas de conocimiento se puede continuar aprendiendo cosas nuevas sin necesidad de dedicarse a algo distinto. Además, perseverar en un área de conocimiento o actividad determinada puede darnos un tipo de satisfacción añadida: el sentirnos "expertos". Por ejemplo, en mi caso personal, no sólo me interesé por la psicología y sus diversas ramas (psicología social, deportiva, clínica, etc.), sino también, después de finalizar mi máster en psicología del deporte, comencé a leer manuales científicos sobre "nutrición deportiva" y luego sobre "fisiología del ejercicio", "biomecánica del ejercicio" y, finalmente, "entrenamiento de fuerza". Es decir, "ciencias del deporte" en su conjunto. ¡El conocimiento es adictivo!

Por tanto, si no sabes qué te apasiona, piensa que nunca es tarde para probar algo nuevo. Y, ¿quién sabe?, puede que lo que comiences con la intención de probar se convierta en aquello que dirija los pasos siguientes en tu vida, ¡o acabe por determinar tu futuro!

Recuerda: es difícil averiguar qué es aquello que nos apasiona y nos motiva realmente si sólo prestamos atención (*superficialmente*) a nuestros *hobbies* o a aquellas actividades que, en principio, nos apasionan. Es preferible tratar de esclarecer cuáles son los motivos subyacentes responsables de que una actividad nos entusiasme y nos aporte satisfacción. Una vez sepamos con seguridad qué nos motiva, qué nos hace *vibrar*, estaremos mejor preparados para decidir con mayor probabilidad de acierto hacia dónde dirigir nuestros pasos.

4.6 Hacia dónde dirigir nuestros pasos siguientes

Para asegurarnos de que sabemos bien lo que queremos conseguir y, sobre todo, que llegamos a alcanzarlo, es necesario escribirlo. Escribir en papel nuestros sueños nos ayudará a concretar, a ser específicos y también, nuevamente, a aclararnos. Ocurre que cuando nos limitamos exclusivamente a pensar, no somos capaces de procesar todas las variables, opciones, pormenores, etc., sino tanto como nuestra "memoria de trabajo"[19] nos permita procesar simultáneamente. Sin embargo, al ayudarnos del papel seremos capaces de generar nuevas ideas (basándonos en aquellas ya escritas), establecer nuevas relaciones, repasar lo que hemos escrito y mejorarlo o añadir algo nuevo. Al tenerlo todo por escrito, nuestra memoria quedará libre para recuperar, interconectar o almacenar nuevas ideas y experiencias, al igual que para procesar o relacionar lo ya escrito con lo que añadamos posteriormente. Es más, el

---

[19] Parte de la memoria a "corto plazo" encargada del procesamiento de la información a nivel consciente.

mero hecho de escribir nuestras ideas en papel hace que cobren mayor relevancia. De repente, no sólo existen en nuestro pensamiento, sino que ahora también forman parte de nuestra realidad, porque están ahí, aunque de momento sólo escritas en un papel.

Una vez sepas qué quieres conseguir exactamente, debes visualizarlo un día tras otro. Normalmente aconsejo hacerlo por la mañana al despertarnos y por la noche antes de dormir. Es crucial visualizar nuestros sueños por la mañana, recién levantados. Esto nos ayudará a distinguir entre *lo que es* y *lo que queremos que sea*. Se trata de comenzar el día sabiendo qué queremos que ocurra en nuestra vida, de modo que no pasemos el día en modo *piloto automático*, sino que sepamos en todo momento hacia donde nos dirigimos y qué debemos hacer para conseguirlo.

Para ayudarnos a visualizar, podemos utilizar imágenes, vídeos y/o música. Como vimos en el capítulo anterior, tanto las imágenes como la música tienen una gran capacidad de evocar emociones y estados emocionales en nosotros. Si queremos que nuestros sueños lleguen a convertirse en realidad, debemos sentirlos. Nuestro cerebro no se dirige hacia aquello que racionalmente *cree* que es mejor, sino hacia aquello que *siente* que es mejor. Por eso, las personas incurrimos a menudo en lo que en psicología se conoce como ambivalencia: "Quiero hacer esto, pero termino haciendo esto otro en su lugar".

Por ejemplo, imaginemos que me gustaría comenzar a ir al gimnasio, pero cada día termino sentado en casa viendo la tele y comiendo mi *snack* favorito. A nivel racional quiero ir al gimnasio, pero a nivel emocional me apetece descansar. En estos casos, la fatiga (estado emocional) suele prevalecer. Si no alineamos lo que queremos a nivel emocional con aquello que queremos a nivel racional, el resultado es que, generalmente, las emociones ganan el pulso y controlan nuestro comportamiento. Es fácil darse cuenta de esto con el siguiente ejemplo: Imagina que quieres perder peso y te pones a dieta. En general, cuando estás a dieta y te entra hambre fuera de tus comidas, ¿qué sueles hacer? Te dices a ti mismo, *"no, ahora no me toca comer"* y no lo haces o acabas por comer algo que te agrada y que, por supuesto, no deberías. Si eres como la mayoría, seguro que te dejas llevar por el impulso de llevarte algo a la boca, sólo para sentirte arrepentido (¡y hasta culpable!) tan pronto como hayas satisfecho el deseo de comer. Nuevamente, una emoción (hambre) se impone a nuestra voluntad.

Supón que decides hacer más ejercicio porque quieres comenzar a cuidar de tu salud seriamente. Entonces, por ejemplo, un sábado decides que al día siguiente te levantarás temprano para ir a correr pero, cuando suena el despertador el domingo por la mañana te encuentras cansado y con ganas de seguir durmiendo. ¿Qué haces?, ¿te levantas y te vas a correr? O, en su lugar, te dices a ti mismo, *"diez minutos más"* y terminas levantándote tarde, posponiendo el ejercicio para el fin de semana siguiente: *"¡El domingo que viene iré a correr seguro!"*

Podría citar un sinfín de ejemplos pero, en general, se trata de darse cuenta de que nuestro estado emocional, a menudo, suele dictar nuestro comportamiento. Contando con el estado emocional adecuado, somos capaces de ir al gimnasio después de trabajar, seguir una dieta estrictamente, o levantarnos el domingo temprano para ir a correr. Sin embargo, cuando nuestro estado emocional no es el adecuado, la cosa cambia y mucho. Es por esto que debemos prestar atención a nuestras emociones y regularnos, de cara a que nos ayuden a conseguir lo que queremos.

Modificar tu estado emocional no es tan difícil como parece. Al principio uno piensa que de sentirse *apático* a sentirse *entusiasmado* hay una distancia muy grande. Sin embargo, en muchas ocasiones, basta con contar con el estímulo adecuado para pasar de un extremo al otro en cuestión de minutos. Imagino que muchos lectores se han visto en la tesitura de ver llegar la hora de ir a hacer ejercicio, sólo para ver cómo su mente le dice, *"no tengo ganas".* Sin embargo, tal vez porque un amigo nos esté esperando, nos forzamos a salir de casa sin ganas algunas de cara a ejercitarnos pero, tan pronto como saludamos a nuestro amigo, nos reímos un poco y comenzamos a movernos, sentimos como, de repente, una renovada energía nos sobrecoge, mientras que pensamos que hemos hecho bien venciendo el cansancio o la apatía. A veces, basta con escuchar la canción adecuada para que, de repente, demos la vuelta a nuestro estado emocional y nos sintamos motivados, con ganas de entrenar. ¿Cómo puede ser posible si sólo unos minutos antes parecía que soportábamos el peso del mundo entero sobre nuestros hombros?

Como vimos en el capítulo anterior, tanto una imagen como un vídeo o una canción adecuada nos ayudarán a estimular nuestro estado emocional en la dirección que queramos. Según vayas practicando, poco a poco te irás dando cuenta de qué te estimula, qué te hace sentir mejor, o cómo usar la técnica de visualización para dar la vuelta a tu estado emocional.

Suelo decir en tono de broma que el pulso entre la razón y las emociones se asemeja al ejército en tanto a que es cuestión de *jerarquía y antigüedad* y, "contando con el mismo rango, el que tenga mayor antigüedad manda". Quizá pensamiento y emociones tengan el mismo rango pero, en el caso de nuestro cerebro, a nivel evolutivo, la parte de éste que trabaja con las emociones (sistema límbico) está ahí desde antes que la parte que se dedica al pensamiento racional (neocórtex). Es por esto que las emociones suelen *mandar*.

No obstante, ambas partes de nuestro cerebro están en constante comunicación. Por eso decía que "emociones y pensamiento son las dos caras de una misma moneda". Por tanto, si podemos hacer que esa moneda ruede en la misma dirección, todo será más fácil. Por eso es importante visualizar y hacer que nuestro cerebro *sienta* aquello que racionalmente pensamos. Es como darle la misma instrucción en dos idiomas diferentes. Lo que ocurre es que, normalmente, tu cerebro muestra mayor predisposición para escuchar un idioma que el otro. Por ejemplo, ¿a qué piensas que tu cerebro prestará mayor atención? Al *placer que le aporta cuando comes un dulce* (emoción) o al pensamiento *"los dulces no son saludables"* (razón) ¿Me explico?

Por eso, decía que no basta con escribir nuestros sueños en papel, sino que deberemos crear un guion de los pasos que iremos dando hasta llegar al final de nuestro camino para poder visualizarlo después (como si fuese una película de nuestra vida). Debemos vernos caminando y sintiendo las distintas emociones que nuestra visualización evoque. Especialmente, deberemos vernos consiguiendo aquello que queremos, ya que esto nos motivará y nos hará sentir a gusto con nosotros mismos y, por tanto, a nuestro cerebro le parecerá algo bueno para nosotros, algo por lo que debe luchar. Así, poco a poco, nuestras emociones se irán alineando con nuestra razón y la "moneda" comenzará a rodar en la misma dirección.

Por ejemplo, si lo que quieres es perder peso, te ayudará crear una visualización en la que te veas siguiendo estrictamente tu dieta y tu entrenamiento. Deberás visualizar aquellos momentos de debilidad (en los que, o bien te apetece saltarte la dieta, o bien el entrenamiento) y sentir cómo, aplicando disciplina o motivación, sigues la dieta a rajatabla, o vas a entrenar sin falta. También te ayudará verte (en visualización) una vez hayas alcanzado los resultados que persigues (bien sea perder o ganar peso, ganar musculatura, etc.). Bien puedes imaginar que vas a comprar ropa y toda te sienta bien, o vas a la playa y te sientes a gusto con tu físico, etc. Se trata de que nuestro cerebro sienta determinadas emociones positivas, para que aprenda que el objetivo que perseguimos le aportará mayores beneficios que saltarse la dieta o el entrenamiento.

5. Tomando el control de tu vida

En la mayoría de las ocasiones que pido a mis clientes que me hablen sobre sus sueños suelen ocurrir tres cosas:

1. Que no me hablan sobre qué quieren conseguir y qué están haciendo para conseguirlo, sino que comienzan a mencionar su *lista de obstáculos* (pág. 42).

2. Que no saben distinguir entre metas y sueños.
3. Que no creen en sí mismos.

En este capítulo hablaré sobre las dos primeras situaciones mencionadas en la lista anterior. A la tercera situación le dedicaré el siguiente capítulo de este libro, dada su gran importancia.

5.1 La lista de obstáculos

Imagina que estás sentado delante de mí, que soy tu *coach personal* y mientras hablamos de tus circunstancias, de lo que te gustaría conseguir, te pregunto:

"¿Y por qué no lo estás haciendo ya?, ¿por qué no estás tratando de conseguir aquello que deseas?, ¿a qué esperas?"

Como decía antes, en la mayoría de los casos suelo escuchar una larga *lista de obstáculos* llena de razones por las cuales, supuestamente, las personas no pueden hacer aquello que querrían. Si pudiese ver dentro de sus mentes, estoy seguro que encontraría un enorme *no puedo*:

NO PUEDO

Entonces, continúo pidiéndoles que me digan qué van a hacer, cómo van a comenzar a perseguir sus sueños y ellos continúan hablándome de las razones por las cuales no pueden empezar y de los obstáculos insalvables que han encontrado o que *imaginan* en el camino. A lo que yo les contesto: "bueno, parece que no va a ser fácil pero, algo podrás hacer para empezar, ¿no?"

Pero muchos suelen responderme que lo que me están contando son hechos, problemas reales que están ahí y que les superan. Algo muy recurrente es que me digan que no tienen suficiente dinero para empezar, que necesitan dinero, que sin dinero es imposible. A lo que suelo responderles con las duras palabras de Norman Vincent Peale:

"Los bolsillos vacíos nunca han mantenido a nadie atrás. Sólo las cabezas vacías y los corazones vacíos pueden hacerlo".

Algunos me dicen que sus circunstancias son las que son y que no las pueden cambiar: hay que ser realista.

"La realidad es que mis circunstancias son así y no las puedo cambiar. Es injusto, pero es lo que hay".

Cierto. Sin duda, tus circunstancias son como son. Sin embargo, lo más importante no es cómo son tus circunstancias de forma objetiva, sino qué piensas tú de ellas, es decir, cómo las percibes y qué haces al respecto. Y esto queda bajo tu control: puedes controlar tu forma de interpretar tus circunstancias y, en consecuencia, de cómo respondes a ellas. De modo que, dependiendo de cómo percibes tu situación, sentirás que puedes hacer algo al respecto o no. Es decir, lucharás para cambiar tu vida o lo darás por imposible y te darás por vencido.

Por ejemplo, imagina una ciudad donde hay muy pocas oportunidades de trabajo. Si piensas:

"En esta ciudad hay muy poco trabajo. La mayoría de las personas que conozco están desempleadas. Esto es una realidad. ¿Cómo voy a encontrar trabajo si no hay? Ya he entregado cien currículos y ni siquiera me han llamado para una entrevista. El problema no soy yo, ¡es que no hay trabajo!"

Así, con esta mentalidad, ¿cómo se levanta uno por la mañana para buscar trabajo (*¡si no hay!*)?

Sin embargo, imaginemos que modificamos nuestra manera de interpretar la situación y hacemos uso de una autocharla positiva:

"En esta ciudad hay muy poco trabajo. La mayoría de las personas que conozco están desempleadas, pero no son todas, pues hay una minoría que trabaja. ¡Tengo que ser uno de ellos! Ya he enviado cien currículos y ni siquiera me han llamado para una entrevista... Perseveraré, como hizo Thomas Edison, quien diseñó mal más de novecientas bombillas hasta que hizo una que funcionó. Seguiré su ejemplo y, por más que me desanime, seguiré enviando tantos currículos como necesite hasta conseguir una entrevista. A base de insistir, *tengo que conseguir que se acuerden de mí si surge algo. El problema no soy yo, ¡es que no hay trabajo!"*.

Una persona con esta forma de pensar no parará hasta que consiga trabajo porque no estará concentrada en los obstáculos, sino en las oportunidades. Estará buscando su oportunidad y cuando surja, estará preparada y no se le escapará.

5.2 No te quejes. En su lugar, pide lo que quieres

Al final, después de un rato conversando con mis clientes y escuchando todas las razones, obstáculos y hechos que "demuestran" por qué no pueden comenzar a perseguir sus sueños, les cuento lo siguiente:

Imagina por un momento que soy dios o Buda o cualquier otro dios o ser "todopoderoso" que podría hacerte cumplir tus sueños. De cara al ejercicio, lo llamaremos *dios*. Pues bien, imagínate que soy dios y digo:

"Ahora voy a detener el mundo, voy a escuchar qué quiere esta persona (tú) y voy a concederle lo que me pida".

Con un chasquido de dedos detengo el mundo y me pongo a prestar atención a lo que tú me pides, a lo que tú quieres. Sin embargo, todo lo que oigo son quejas, obstáculos, impedimentos y razones por las cuales no puedes conseguir lo que te propones. Después de cinco minutos escuchando quejas, te pregunto:

"Pero ¡¿qué quieres?!, ¡dime qué quieres y te lo concedo!"

No obstante, tú sigues diciéndome por qué no puedes conseguir lo que quieres, qué obstáculos tienes en el camino, la dificultad que entrañan tus circunstancias actuales, etc.:

- "Es que, si no fuese por... entonces podría..."

- "Además, por culpa de… no puedo…"

- "Si tuviese dinero, entonces…"

Una vez más, insisto y te digo:

"Pero ¡¿qué quieres, dime qué quieres?!, ¡deja de quejarte y dime ¿qué quieres?! ¡Dilo y te será concedido!"

Pero tú sigues con tu actitud derrotista, con un *no puedo* dirigiendo tu pensamiento. Al final, cansado de escucharte, pienso:

"Cuando sepa lo que quiere y me lo pida con determinación, tal vez se lo conceda. Mientras tanto, ¡hay muchas personas a las que escuchar y ayudar".

Probablemente hayas entendido el mensaje que quiero comunicar con este ejemplo. De cualquier manera, lo que pretendo transmitir es que mientras sigas concentrado en las cosas que consideras que te impiden comenzar a perseguir tus sueños, sin duda, no empezarás, porque verás en tu mente ese enorme *no puedo* que mencionaba antes. De hecho:

¿Cómo puedes motivarte para comenzar si no dejas de pensar en todos esos obstáculos insalvables que te esperan en el camino?

Así nadie encuentra la motivación necesaria que le lleve a ponerse manos a la obra. En lugar de centrar tu atención en los obstáculos, lo que debes hacer es pensar en qué puedes hacer hoy, ahora mismo, que te acerque un poquito más a tu meta.

"¿Qué puedo hacer ahora mismo que me acerque un poquito a mi sueño?"

Precisamente, algo que puedes hacer ahora mismo en dirección a tus sueños es simplemente comprometerte a pensar únicamente en aquello que *puedes hacer* para conseguirlos. Aunque te parezca poco:

¡El primer paso del camino es pensar que uno *puede* recorrer ese camino!

Tienes que comenzar hoy mismo a dirigir tu mente hacia lo que puedes hacer (de cara a acercarte un poco a tus sueños). Olvídate de los obstáculos, ya te las ingeniarás para superarlos. Contando con la suficiente determinación, seguro que antes o después encuentras la manera de seguir hacia delante, a pesar de que la vida te lo ponga difícil.

¡Tienes que creer en ti mismo, en tu habilidad para afrontar obstáculos! ¡Deja de ser parte del problema y comienza a formar parte de la solución!

Tienes que ver en tu mente un enorme *sí puedo*:

SÍ PUEDO

Sin embargo, puede que te preguntes: *"¿Cómo va a cambiar mi existencia si todo sigue igual?"*

No todo seguirá igual. Si pones en práctica lo que te comento, tu actitud mental cambiará y tus creencias cambiarán. Es como un *clic mental*. De un segundo a otro, de repente, un día te das cuenta de que has perdido demasiado tiempo preocupándote, escuchando a unos y otros decirte que *no puedes* hacer lo que pretendes, en lugar de únicamente prestar atención a una cosa: tu voz interior, la voz de tu conciencia. Esa vocecilla que te dice:

- *"Así me siento a gusto. Éste es mi camino".*

- *"No estoy a gusto con mi vida, quiero cambiarla".*

- *"Me da igual lo bueno que sea este trabajo: simplemente no me llena".*

Eso que algunos llaman la *brújula interior*. Al igual que ocurre con la imaginación, que la mayoría de los adultos dejan de utilizarla para fines positivos, la mayoría de los adultos dejan de guiarse por su *brújula interior* y prefieren prestar atención a lo que les dicen otras personas, a lo que en un momento determinado de sus vidas parece ser lo más acertado o lo más adecuado para ellos, aun yendo en contra de su propia voz interior, que les dice:

"Me da igual lo que estas personas te dicen. Me da igual las circunstancias. Me da igual lo que parece convenirnos más. ¡Préstame atención y te mostraré la dirección que más nos conviene!".

Sé que es muy duro cuando uno mira a su vida y no encuentra en ella lo que le gustaría. Es descorazonador. Pero debes creer en ti mismo y en el hecho de que cambiar tu vida está en tus manos.

5.3 Tu vida se parece a una película

Imagina por un momento que eres un director de cine y estás rodando una película. Probablemente, tendrías un guion que contase con algo parecido a un principio, una trama central y un final. Un director de cine va rodando escenas, una tras otra, hasta que tiene las necesarias para poder contar su historia. Luego va seleccionando y combinando las escenas que más le gustan, hasta que finalmente tiene su película lista.

Pues bien, si quieres ser director de tu vida y no un mero actor, si quieres crear tu propia vida, lo primero que necesitas hacer es imaginarla. Imagina que quieres filmar una película que trata de una persona que tiene un sueño y que lucha por conseguirlo hasta que lo consigue. Igual que el director de cine, tú ya tienes un guion, con un principio y una trama central, pero…

¿Has pensado ya qué final te gustaría dar a tu película?

Es decir:

¿Tienes ya claro qué sueños te gustaría conseguir?

Si fueses un director de cine, ahora comenzarías a rodar aquellas escenas que finalmente te llevarán a tener la película que previamente habías imaginado.

¿Sabes cómo funciona una cámara de vídeo?

En general, es un instrumento que va tomando una foto (fotograma) tras otra a una gran velocidad. La animación se consigue al visualizar dichos fotogramas de manera continua y a una determinada velocidad. Es el conjunto de estos fotogramas lo que crea la película. Añadir varios fotogramas a nuestra película aquí y allá no tendrá un efecto notorio sobre ésta, pero al juntar unos cuantos de forma consecutiva crearemos una animación. Pues bien, imagina que en nuestra vida cada pequeño acto que llevamos a cabo es como un fotograma. Incluso cuando pensamos algo, estamos creando un fotograma. Al juntar muchos fotogramas seguidos, conseguiremos un cambio real en nuestras vidas. Por eso te digo que hoy, ahora mismo, puedes comenzar a *añadir fotogramas* a tu día a día, para que dentro de un tiempo determinado consigas modificar tu vida según te guste. No te preocupes si los resultados no llegan pronto. Limítate a reunir muchos fotogramas para que, al final, crees la película (la vida) que tú quieres. Ten en cuenta que incluso un cambio que hagas hoy, por pequeño que sea, si lo mantienes durante el tiempo suficiente puede tener un impacto en tu vida mucho mayor al tamaño del cambio inicial. Algunas veces, pequeñas decisiones o pequeños cambios pueden provocar grandes resultados. No se trata de la magnitud del cambio, sino de su relevancia y de que lo mantengas de forma persistente.

Por ejemplo, si cada noche cuando te acuestes te repites varias veces a ti mismo:

"Voy a cambiar mi vida, puedo conseguir mis sueños".

Al cabo de muy poco tiempo conseguirás ejercer influencia sobre tu mente inconsciente y, sin darte cuenta, comenzarás a creer que conseguir tus sueños es algo posible. Y si, además, mientras te duermes visualizas que estás determinado a cambiar tu vida y conseguir tus sueños, tanto mejor. Éste sería un ejemplo de cambio inicial pequeño que, al cabo de un tiempo breve, podría tener un impacto enorme en tu vida. Al principio te parecerá que sólo estás imaginando pero, transcurrido cierto tiempo, tu actitud mental se verá afectada de forma positiva y lo que al principio sólo parecía un sueño distante, comenzará a mostrarse como algo alcanzable.

Por ejemplo, imagina que estás en uno de esos edificios del gobierno que tienen diferentes plantas y a las que se puede acceder utilizando distintas escaleras. Lo primero que necesitas es saber adónde vas, adónde te diriges. Una vez sabes esto, necesitas saber qué escalera te llevará allí. Después, tardes más o menos, sabrás que peldaño tras peldaño podrías llegar a subir a la última planta de, incluso, el edificio más grande del mundo. Aunque hagamos pausas, aunque por momentos subamos más rápido o más lento, si continuamos en la misma escalera, sabremos que al final llegaremos donde queremos. Imaginemos que la escalera tiene mil peldaños. Pues bien, uno sabe que ¡hasta el primer peldaño pertenece a la misma escalera!, ¡cada paso te acercará poco a poco a tu destino! Lo mismo ocurre en tu vida: si eliges un destino y avanzas decididamente en esa dirección, al final llegarás donde te hayas marcado. Recuerda que no importa cuán grande sea el paso inicial, sino que demos éste en la dirección adecuada. Es necesario entender que lo que hacemos o pensamos hoy, ahora mismo, tendrá sin lugar a dudas un efecto en nuestro futuro. De modo que, asegúrate de dar hoy los pasos adecuados, para que así puedas llegar al destino que te hayas marcado. En palabras de Buda:

"Dime cómo fue tu pasado y te diré cómo es tu presente. Dime cómo es tu presente y te diré cómo será tu futuro".

5.4 Conecta tus metas con tus sueños

Un error común que solemos cometer es no conectar nuestras metas con nuestros sueños. Si te preguntase qué te gustaría conseguir en tu vida, cuál es tu sueño, es posible que, más o menos, supieses responderme. Sin embargo, si te pidiese que me dijeses cuáles son tus metas, es probable que comenzases a escribir únicamente tus metas a corto plazo, ignorando tus metas a medio y largo plazo. De este modo, tus metas quedarían totalmente desconectadas respecto de tus sueños. Es decir, a las personas nos cuesta ver más allá de uno o dos años en el futuro (¡incluso más allá de unos meses!). Sin embargo, como suele decirse, la vida es una carrera de fondo y, por tanto, haríamos mejor planeando nuestras vidas hasta el final. Es más: *¡haríamos mejor planeando nuestras vidas desde el final!* Las personas que tienen claro lo que quieren conseguir en sus vidas suelen tener más éxito que aquellas que no saben hacia dónde se dirigen, o que sólo alcanzan a ver un poco más allá del momento presente. Tener claro (o, al menos, medianamente claro) qué te gustaría alcanzar de aquí a 20 o 30 años, sin duda marcará la diferencia entre tú y los demás, porque *desde ya* podrías empezar a trabajar y dirigir tus pasos en esa dirección. Por ejemplo, imagina que en el futuro te gustaría tener suficientes ahorros como para no tener que trabajar. Obviamente, si comienzas a aprender sobre "gestión del dinero" o "finanzas" y te pones a ahorrar (por poco que sea) e invertir a la edad de 20 o 30, tendrás más posibilidades de ver tu meta cumplida que si comienzas a hacerlo (como hacen muchos) a partir de los 50, cuando la jubilación comienza a ser algo real.

Cada persona tiene una idea personal de qué significa conseguir sus sueños. Sueños y metas guardan una relación muy estrecha, pero no son lo mismo. Los sueños abarcan más que las metas. Conseguir nuestro sueño no significa llegar a un punto y mirar cuál es nuestro destino siguiente (como ocurre con las metas), sino que, para algunas personas consiste en realizar en esta vida aquello que creen que es su cometido, su propósito, mientras que para otras se trata de vivir su vida de la forma que siempre la imaginaron. Las metas se alcanzan, mientras que los sueños se realizan. Cuando logramos superar una meta, pensamos en cuál es la siguiente. Cuando conseguimos nuestros sueños, hacemos que nuestra vida sea como siempre quisimos que fuese y entonces nos limitamos a disfrutarla, a vivirla. Las metas son como *check points* que debemos superar antes de llegar a conseguir nuestros sueños; pero no deberemos superar todas nuestras metas de cara a conseguir estos. Por ejemplo, puede que una persona consiga sus sueños a la edad de cuarenta, pero que se haya fijado metas hasta la edad de ochenta o más.

5.5 ¡Establece tus metas!

Las metas no sólo sirven para motivarnos (para incitarnos a la acción), sino que nos sirven de gran ayuda para ir midiendo nuestro avance, para saber en qué punto del camino nos encontramos. Es importante que te plantees metas realistas (¡ojo, no sueños, hablo de metas!) que no sean ni demasiado pretenciosas (de modo que te resulte imposible alcanzarlas en los plazos que hayas estimado y puedan llegar a desanimarte) ni demasiado fáciles de realizar (de forma que no sean una fuente suficiente de motivación). Es crucial que aprendas a definir tus metas. Al principio, si no estás acostumbrado, te resultará raro o complicado hacerlo, pero, al cabo de un tiempo, estarás familiarizado con ello y todo será más fácil.

Como regla general, la mayoría de las personas rendiremos por debajo de lo que nos hayamos fijado, de modo que, para compensar esta falta de rendimiento, puede ser mejor fijar metas un poco más pretenciosas de lo que la razón nos dicta, siempre y cuando nos sintamos cómodos con ellas. En general, de cara a establecer nuestras metas, suele ayudar pensar en cómo nos sentimos al fijarlas. Si nos parece que podemos, muy probablemente sea cierto, debido a lo cual deberíamos aumentar ligeramente su dificultad. De hecho, lo ideal es que nos sintamos un poco incómodos con las metas que establecemos. ¿Por qué? Simplemente para garantizarnos que nuestras metas nos estimulen y nos hagan salir de nuestra *zona de confort*. De este modo, nos harán crecer como personas y, por tanto, llegaremos más lejos.

Las metas nos ayudan a saber hacia dónde nos dirigimos, a centrar nuestra atención en aquello que queremos conseguir y a establecer cuándo queremos haberlo conseguido. Tendrás que ir ajustando tus metas de vez en cuando, según vayas progresando. Una vez las alcanzamos, las metas proporcionan satisfacción y sensación de logro, a la vez que nos hacen ver que avanzamos en la dirección correcta. Lo mismo ocurre, pero al contrario, cuando no logramos alcanzar las metas que trazamos. Por eso es importante no establecer metas demasiado pretenciosas, puesto que, de no conseguir alcanzarlas, podrían desmotivarnos.

Acostumbro a tener un calendario anual donde marco las distintas fechas límites para mis metas. Así, especificando fechas concretas para éstas, me motivo para regular la carga de trabajo que debo realizar según el tiempo que me vaya quedando hasta la fecha de vencimiento. Si encuentras un calendario donde puedas ver todo el año, tanto mejor. Así, cada vez que lo mires, sabrás dónde estás hoy y hacia dónde te diriges. Por cierto, puedes estar seguro de que si estableces metas anuales, serás más productivo.

En general, usamos la razón para definir nuestras metas. Las creamos partiendo de lo que hacemos hoy, de cómo es nuestra vida presente, de cómo son nuestras circunstancias. En cambio, para definir nuestros sueños, usamos nuestra imaginación. No nos fundamentamos en aquello que existe, sino en aquello que nos gustaría que existiese. De modo que, cuando fijemos nuestras metas, debemos comenzar visualizando nuestros sueños y, una vez sepamos hacia dónde dirigirnos, iremos trazando una línea temporal imaginaria que se conecte con nuestro presente. Es importante entender que, si comenzamos a trazar nuestras metas desde el momento presente y además lo hacemos utilizando la razón, nos será muy difícil ver más allá de lo *meramente razonable*. Al contrario, si utilizando nuestra imaginación (al margen de la razón) visualizamos dónde queremos llegar o qué queremos conseguir en el futuro, entonces sí podremos proyectar nuestra mente mucho más allá de nuestras circunstancias actuales. Desde ahí, iremos anotando qué pasos necesitaremos dar y qué necesitaremos conseguir hasta que lleguemos a nuestro momento presente. Se trata de, utilizando la imaginación, mostrarle el camino a tu mente racional y hacerle ver ¡que es posible llegar adonde te hayas marcado! No olvides que, mientras la imaginación te da alas, ¡la razón te las corta!

Recuerda: si siempre haces lo mismo, obtendrás resultados similares, pero si tus metas estimulan tu crecimiento personal y te incitan a hacer algo diferente, en consecuencia, los resultados que obtengas serán distintos. Sin duda, no será fácil pero... ¡es posible! Es cuestión de dar un paso tras otro y superar una meta tras otra ¡hasta alcanzar nuestro objetivo!

5.6 No importa lo que es, sino lo que va a ser

Imagina que has seguido todos los pasos de este libro hasta ahora, pero justo cuando ibas a realizar un cambio en tu vida, de repente, miras delante de ti y, ¿qué ves?: que todo sigue igual, que tu vida no ha cambiado. De repente, el mundo se te cae encima:

"Esto es una tontería. Mi vida es así y no va a cambiar".

Olvida lo que es. Olvida también lo que ha sido. Tu pasado define tu presente, pero no tiene por qué definir también tu futuro (recuerda las palabras que cité de Buda). Tú eliges cómo quieres que sea tu futuro. Puedes pasar el resto de tu vida pensando que por culpa de las elecciones que tomaste en el pasado, debido a los errores que cometiste, ya no hay nada que puedas hacer pues *tus cartas ya están echadas*, o puedes pensar que lo que importa no es lo que hayas hecho hasta hoy, si no lo que vayas a hacer de hoy en adelante. Los errores que cometiste supusieron una gran fuente de aprendizaje y, si no fue así, entonces vuelve a pensar en ellos y pregúntate:

"¿Qué puedo aprender de los errores que cometí?, ¿qué me enseñaron?"

Si piensas que los errores que cometiste te hicieron perder tiempo, entonces:

- No cambiarás el hecho de que cometiste esos errores.

- No sacarás nada de provecho.

Sin embargo, si te paras a pensar qué has aprendido tras cometer esos errores:

- No cambiarás el hecho de que los cometiste, pero obtendrás un gran aprendizaje que en el futuro podrás utilizar en tu beneficio.

Los errores son tus amigos, y lo que es más: son tus grandes maestros (aunque a veces sean maestros muy duros). No tengas miedo de cometer errores: ¡ten miedo de no cometerlos! En palabras de Wess Roberts:

"Si no estás cometiendo errores, es que no estás intentándolo lo suficiente".

No importa cómo es tu vida hoy, sino cómo quieres que sea mañana. Debes crear el futuro que te gustaría conseguir y visualizarlo cada día. Si no disciplinas tu mente, si no tratas de ver mucho más allá de tu presente, de cómo es tu vida ahora, seguramente acabarás por desmotivarte y, claro, difícilmente conseguirás lo que te propongas.

Al contrario, cuando mires hacia el futuro, debes pensar cosas como las siguientes:

- *"Desde aquí, desde este mismo sitio, voy a conseguir lo que me he propuesto".*

- *"No importa como mi vida es hoy, sino como va a ser en el futuro. Sólo necesito tener una gran determinación, perseverancia y una visión clara de lo que quiero conseguir".*

- *"Nada me impedirá cambiar la situación actual y conseguir lo que me propongo".*

Imagina un pintor que sólo prestara atención a lo que es. Jamás pintaría nada. Miraría el lienzo en blanco y diría:

"Está todo en blanco, ¡esto es imposible!"

Sin embargo, un pintor *imagina* lo que quiere crear y, cuando tiene una idea clara de lo que quiere, comienza a trabajar en esa dirección. Saber lo que quiere pintar le motiva para comenzar el cuadro. Cada día que pinta sabe que está un poquito más cerca de ver su cuadro finalizado. Además, conforme va desarrollando su pintura, también lleva a cabo ciertas modificaciones para convertir lo que su obra es en lo que él quiere que sea finalmente.

Cuando prestes atención a tu vida presente, intenta ver mucho más allá de lo que es. Recuerda, tu cerebro no distingue un estímulo interno de uno externo. Si consigues ver en tu mente aquello que deseas, al final, mediante tu esfuerzo y determinación, terminará por materializarse (igual que el pintor y su obra). Nuestros pensamientos tienen un gran efecto en nuestras vidas. Recuerda lo que dije en el primer capítulo:

"Todo lo que has hecho en tu vida comenzó siendo un mero pensamiento, una idea en tu mente".

Debes reflexionar en esa frase hasta que te des cuenta de que lo que hoy es sólo un pensamiento, una simple idea, mañana puede convertirse en realidad (como ha ocurrido tantas otras veces a lo largo de tu vida). Cuando sientas que *puedes*, que tú tienes el control sobre tu futuro, buscarás la forma de comenzar. Como dijo Milton Berle:

"Si la oportunidad no llama, construye una puerta"[20]

5.7 Nuevamente: deja la razón a un lado

---

[20] Original: "If opportunity doesn't knock, build a door".

Es importante que recuerdes que, cuando te pongas a visualizar, dejes a un lado la razón. De lo contrario, ésta interferirá en tu visualización y enviará mensajes a tu mente como:

"Esto es ridículo. ¿Cómo voy a conseguir lo que me propongo si todavía no tengo... si necesito... si me falta...?"

Cuando visualizamos, no se trata de pensar en lo que es, sino en lo que queremos que sea. Si nos dedicamos a pensar en lo que es, en cómo son nuestras circunstancias presentes, entonces (especialmente si estas son difíciles), lo más seguro es que no hagamos nada. ¿Por qué? Porque probablemente ahora, al comienzo, sólo seamos capaces de ver obstáculos, impedimentos y dificultades. Lo "desconocido", que tanto suele asustarnos, nos acecha tras la esquina, mientras que nuestros sueños quedan lejos, más allá del horizonte. Como ya hemos visto, a la mente racional le cuesta ver aquello que todavía no existe. Por eso (como vimos en el apartado 1.7), es necesario dejar la razón al margen y hacer uso de nuestra *imaginación*. La parte creativa de nuestra mente nos ayudará a recrear el futuro que queremos conseguir, nos hará ver que es posible alcanzarlo. Hay que dejar a un lado si nuestros planes son viables o no, si tenemos aquello que necesitamos para llevarlos a cabo o no, puesto que, de lo contrario, no seremos capaces de imaginar el futuro que queremos. Recuerda: *la razón te cortará las alas.* Hay momentos para cada cosa: hay tiempo para analizar la situación, las probabilidades de éxito, el nivel de riesgo del proyecto, etc., como también para imaginar aquello que deseamos conseguir con todo detalle. Haremos mejor si primero establecemos un destino final (usando la imaginación) y sólo después pensamos cómo alcanzarlo (usando la razón).

La razón se fundamenta en hechos, por eso no te sirve de ayuda cuando te propones cambiar tus circunstancias o perseguir tus sueños. La razón simplemente seguirá un razonamiento lógico, lineal, es decir, mirará atrás y valorará cómo ha sido tu vida hasta el momento presente. A la razón le cuesta pensar en un futuro prometedor si lo que ha existido hasta ahora son circunstancias difíciles. Es decir, si hasta hoy has sido pobre, tu razón no puede *entender* o no podrá ver que en el futuro puedas ser rico, porque para tu razón eso *no tiene sentido, no es lógico.* Lo *lógico* es que sigas siendo pobre, como hasta ahora. La razón no puede salvar la distancia que existe entre tus circunstancias de hoy y las circunstancias que tú puedes crear en el futuro. Sin embargo, la imaginación sí puede hacer esto. Por eso, si tu razón no te ayuda, ¡déjala a un lado! Ahora es momento de imaginar el futuro que quieres construir y de tener fe en ti mismo. Una vez sepas hacia dónde quieres dirigirte, muéstrale la dirección a la razón y deja que ésta defina los pasos a seguir.

Observa la ironía que encierra este ejemplo. Imagina que, partiendo de unas circunstancias difíciles, te propones cambiar la situación y mejorar tu vida. Imagina que, ignorando lo que te dice tu mente racional, decides creer en ti mismo y te pones manos a la obra. Pues bien, no serías el primero en comprobar cómo una vez hecho un gran avance en la dirección propuesta, tu razón aparecería a destiempo, cuando ya no hace falta para decirte:

"Ahora lo entiendo: como cambiaste tu forma de interpretar la situación y tus creencias sobre lo que podías conseguir, como te motivaste tanto imaginando un futuro mejor y creyendo que podrías conseguirlo, como tuviste fe en ti mismo y eso te ayudó a tener confianza, a ponerte manos a la obra y a nunca darte por vencido... ¡claro, tiene sentido que hayas llegado tan lejos!"

Y, de ocurrir esto, pienso que probablemente te gustaría responder a tu mente racional de la siguiente manera:

"¿No piensas que todo este razonamiento tan lógico y preciso... ¡llega un poco tarde!? Siempre es fácil mirar atrás y conectar los eventos, pero... ¡lo difícil es mirar hacia delante y conectar los eventos antes de que hayan ocurrido! Ser capaces de trazar una línea imaginaria que guíe nuestros pasos futuros... ¡Eso es lo difícil! Espero que hayas entendido que 'tu razonamiento lógico' se queda pequeño al compararlo con la grandeza de la vida, donde cada día ocurren cosas inexplicables. En la vida, ¡nunca se sabe!"

Espero que entiendas por qué te pido que dejes a un lado la razón y en su lugar utilices la imaginación. ¡Llegarás más lejos!

Por tanto, cuando imagines tus sueños, no te pares a juzgar sin son viables o no, si son posibles o no. Simplemente define con exactitud lo que quieres conseguir y ponte a visualizarlo. Y no olvides el refrán: ¡querer es poder!

¡Ten fe en ti mismo y en el poder que tienen tus sueños!

5.8 Toma el control de tu vida o tu vida te controlará

Desde que tenía unos veinticuatro años tuve claro que quería ayudar a las personas a sentirse mejor consigo mismas desde la perspectiva de la psicología. Sin embargo, a esa edad no sólo no tenía el título universitario correspondiente, sino que no tenía ni el acceso a la universidad garantizado. Antes debía matricularme y superar el acceso a la universidad para mayores de veinticinco años. Hasta entonces, había dejado Málaga para vivir en Londres un par de veces, haciendo distintos trabajos, no sólo no teniendo claro a qué dedicaría mi vida, sino sin ni siquiera habérmelo planteado. Sin duda, era una persona muy feliz, pero sin un rumbo definido.

El problema es que la vida no espera. En la vida sólo hay una dirección: hacia delante. El tiempo no se congela cuando no haces nada por mejorarte o por cambiar tus circunstancias, sino al contrario: sigue avanzando hacia delante. En mi caso personal, podría haber continuado yendo y viniendo entre Málaga y Londres indefinidamente, pero llegó un día en que me paré a reflexionar sobre cómo era mi vida, cuánto me gustaba y si quería que fuese así en el futuro. Dado que no me gustaba el futuro que veía delante de mí, decidí comenzar a hacer cambios.

Si quieres llegar más lejos en tu vida, te aconsejo que te aclares. Sin saber qué quieres alcanzar, es imposible que canalices tus energías (y esfuerzo) para conseguirlo. Sólo te pido que te sientes durante unos días a reflexionar sobre cómo es tu vida, hacia dónde crees que te dirigen tus pasos y si te gusta el futuro que ves. Suele resultar de ayuda pedir feedback a aquellas personas en las que confíes.

"¿Por qué me pides que haga esto?", te escucho preguntar.

Porque, si tú no haces planes de futuro, puede que otra persona los haga y decida por ti. O puede que tus pasos te estén dirigiendo a un futuro que no sea de tu agrado, o que nunca llegues a dar lo mejor de ti mismo.

Es siempre más fácil decirse a uno mismo frases del tipo:

- *"El futuro sólo dios lo conoce"*.

- *"¡Ya se verá lo que pasa en el futuro! Yo me preocupo por el presente, que es lo único que existe".*

- *"¿Para qué hacer planes si al final nunca salen como uno espera?"*

Sin embargo, lo cierto es que las personas que toman el control de sus vidas alcanzan mayor éxito que aquellas que no lo hacen y simplemente se dejan llevar.

Siempre fui una persona espontánea, que no hacía planes, sino que iba *allá donde el viento me llevase*. Por eso iba a Londres y, cuando me cansaba, volvía a Málaga. Como no tenía ningún rumbo establecido, daba igual donde estar. Sin embargo, mi futuro cambió un día mientras esperaba para conducir la siguiente ronda con uno de esos autobuses londinenses de dos plantas. Tenía veinticuatro años. Estaba cansado; había sido un día largo y agotador (el centro de Londres es una zona de mucho tráfico y bullicio). Sin saber a cuento de qué, quizá debido al cansancio, de repente me encontré reflexionando sobre mi vida. Recuerdo que fui consciente de que, si no hacía nada por cambiar mi futuro, me vería igual que entonces, pero con treinta, cuarenta, cincuenta años y más, como tantos de mis compañeros, sentado en la cabina de un autobús, esperando a conducir la siguiente ronda. ¡Me dieron ganas de bajarme y salir corriendo! Esa misma noche, tan pronto como terminé de trabajar, me dirigí a un cibercafé (entonces tener internet en casa no era común) y me matriculé al acceso a la universidad para mayores de veinticinco años ("Gracias UNED").

Por eso, insisto, párate a reflexionar sobre cómo es tu vida y hacia dónde te diriges. Nunca es tarde para tomar el control y comenzar a hacer cambios. Pero si esperas a que las circunstancias cambien por sí solas, es posible que nunca llegues a conseguir aquello que te gustaría.

a) Nunca es demasiado tarde

Cierto, para muchas cosas *nunca es demasiado tarde*, pero para otras *sí lo es*. Siempre animo a las personas a que comiencen a hacer cualquier cosa que anhelen tan pronto como les sea posible, independientemente de la edad que tengan. Desde estudiar una carrera universitaria hasta correr una maratón. Sin embargo, para ciertas ocupaciones o actividades sí es necesario contar con una edad determinada. Unas porque requieran de un físico joven (e.g. deporte de élite), otras porque establezcan un límite de edad para su acceso (e.g. FF.AA.). No obstante, en general, coincido con el dicho y realmente considero que para la mayoría de ocupaciones y actividades nunca es demasiado tarde: "Es mejor tarde que nunca".

Ahora bien, esto no quiere decir que debamos posponer nuestros planes por considerar que *siempre habrá tiempo de llevarlos a cabo en el futuro*. El futuro nadie lo conoce. Puede que las circunstancias futuras te sean favorables o no, pero si ahora están de tu lado, ¿a qué estás esperando? Y si no lo están, haz todo lo posible por cambiarlas y comienza a perseguir tus sueños cuanto antes, puesto que en el futuro tal vez sí sea demasiado tarde.

En la mayoría de los casos, posponer nuestros planes de futuro diciéndonos cosas como, *"Ahora mismo no es el momento, pero comenzaré pronto"*, suele servir dos propósitos: procrastinar y evitar.

Seguro que tú también has escuchado en un sinfín de ocasiones a personas quejarse de sus circunstancias presentes y de cómo, si pudiesen volver al pasado, harían esto o aquello. De lo que no se dan cuenta es de que, en diez años, estarán nuevamente contándonos lo mismo: "Si pudiese volver atrás 10 años, entonces haría...". Lo curioso es que, en la mayoría de los casos, estas personas están aún a tiempo de hacer aquello que se propongan. Lo que les ocurre es que ni ahora ni en el pasado supieron reunir la confianza, el coraje o la determinación que requiere cambiar nuestras circunstancias y tratar de conseguir lo que nos proponemos:

- "Es que ahora, con los niños y el trabajo, me es imposible".

- "Para aprender ciertas cosas hay que ser joven, si no, a estas edades..."

- "Si no tuviese la hipoteca de la casa, entonces..."

Llega un punto en nuestra vida adulta en el que debemos tomar el control. A veces se hace difícil, puesto que pasamos muchos años siendo conducidos por nuestros padres, por el instituto, la universidad, etc. y, de repente, nos encontramos con que tenemos que ser nosotros quienes decidamos por nosotros mismos, es decir, quienes controlemos nuestra vida. Pero, claro, muchos no tenemos experiencia en este asunto y, por tanto, fallamos. Algunos, inconscientemente, buscamos una pareja o un amigo de confianza para que controle nuestros pasos por nosotros; otros seguimos siendo controlados por nuestros padres, y aún hay otros que se dedican a caminar sin control ni rumbo establecido (como era mi caso).

El problema radica en que, como decía antes, la vida no te espera. La vida continúa hacia delante, llevándote de la mano a su lado o dejándote atrás, perdiéndote de vista. Y un buen día te paras a reflexionar y te das cuenta de que no te gusta lo que ves. Entonces, salvo que formes parte de ese grupo de personas que deciden cambiar sus vidas en ese mismo momento, es probable que dirijas tu atención hacia fuera y comiences a buscar culpables de tus circunstancias. ¿Y a quién solemos encontrar a nuestro lado? A nuestros padres, a nuestra pareja, a nuestros amigos…

Puedes hacer como muchos y pensar que por culpa de tus circunstancias pasadas y de ciertas personas estás hoy en esta situación, pero lo cierto es que sólo tú tomaste (¡o dejaste de tomar!) ciertas decisiones y ahora vives sus consecuencias. Si alguna vez te encuentras en esta tesitura, debes saber que tienes dos opciones:

1. Culpar a los demás, desarrollar una gran *pena de ti mismo* y tus circunstancias, y pasar el resto de tu vida quejándote y buscando excusas para justificarte.

2. Crecer como persona: asumir la responsabilidad sobre tu persona, tus decisiones y tus acciones. Es decir, tomar el control de tu vida.

Si te identificas con la primera opción, probablemente ahora estés enfadado conmigo y con mis palabras, porque a nivel inconsciente sabrás que tengo razón, pero no estás preparado para admitirlo a nivel consciente. Espero que algún día llegues a darte cuenta (o te ayuden a hacerlo) de que estás desperdiciando parte de tu vida.

Si eliges la segunda opción, te doy mi enhorabuena. Aunque debo advertirte de que no es fácil. Si eres como muchas personas, te costará mantener el rumbo. A la mente le cuesta mantenerse concentrada en una meta, mientras que le resulta muy fácil dispersarse, tanto más si no hemos conseguido alinear nuestras emociones con nuestro pensamiento, como veíamos en capítulos anteriores. En consecuencia, nos cuesta mantener el control sobre nuestra vida e, incluso siendo personas responsables, fallamos en controlar determinados aspectos de ésta. Unas veces porque el ánimo no acompaña, otras porque nos dejamos llevar por alguna distracción o entretenimiento. Seamos claros:

Siempre podremos hacer algo más fácil, atractivo o entretenido que aquello que debemos hacer para llegar a conseguir lo que nos gustaría.

El ocio, el entretenimiento, aunque *necesario y saludable*, no nos ayudará a conseguir nuestros sueños. Al contrario, invertir nuestro tiempo y energía en aquello que queremos conseguir, probablemente no nos ayude a tener una vida muy excitante pero, a largo plazo, de seguro nos dará sus frutos. Ahora bien, con algo de buena voluntad y buena gestión de nuestro tiempo, ¡hay tiempo para todo! Desgraciadamente, como suele ocurrir, es difícil encontrar ese sano "camino del medio", ese sabio equilibrio entre responsabilidad y ocio. Por eso es tan importante que sientas que las decisiones y acciones que tomaste en el pasado te condujeron a tu situación actual. Así te darás cuenta de que hoy puedes tomar decisiones más sabias y llevar a cabo acciones en línea con el futuro que te gustaría crear. Conduciéndote de este modo, cuando de aquí a unos años mires atrás, sentirás que eres tú quien tiene el control sobre tu vida.

Recuerda: la mente se dispersa con mucha facilidad, por lo que es crucial que te mantengas concentrado en lo que quieres conseguir y en los cambios que debes llevar a cabo. Siguiendo lo que hemos visto hasta ahora, trata de disciplinar tu mente, aprende a regularte, escribe tus metas, visualiza a diario el futuro que quieres alcanzar, concéntrate en *lo que puedes hacer* (en lugar de en los obstáculos), trata de *ser parte de la solución* y no del problema, etc. Así, cuando la mente se desconcentre o trate de sabotear tus planes, serás capaz de mantener firme en tu conciencia el *rumbo* que quieres seguir de cara a conseguir tus sueños.

b) Metas inconscientes

Como decía antes, en la vida contamos con una cantidad determinada de tiempo y, dependiendo del uso que hagamos en el presente de éste, así será lo que consigamos alcanzar en el futuro. De modo que, o bien tomas el control de tu vida, o bien tu vida te controlará a ti. Y lo que es más: incluso cuando creas que eres tú quien lleva el control y que sabes hacia dónde te diriges, puede que haya áreas de tu vida a las que no estés prestando atención. Voy a introducirte a un concepto que te resultará raro y que, probablemente, nunca hayas escuchado. Se trata de lo que yo llamo: *metas inconscientes.*

"¿Y qué es esto de las *metas inconscientes?*", preguntas.

Básicamente, es lo mismo que el concepto de *metas* pero, como su propio nombre indica, son metas que no nos hemos marcado pero que, inconscientemente, tratamos de alcanzar. Todos los días hacemos cosas que nos llevarán a conseguir algo determinado en el futuro. Por ejemplo:

- "Como hago deporte con regularidad, antes o después mejoraré mi condición física".

- "Como voy a la universidad y estudio, dentro de un número determinado de años tendré un título universitario".

- "Como cumplo con mi trabajo, cobraré mi salario a fin de mes".

Digamos que, en general, podríamos establecer una relación de *causa y efecto* entre lo que hacemos hoy y lo que obtendremos en el futuro, aunque todos sabemos que hay excepciones y que en la vida no todo funciona por relaciones causales. Puede ocurrir que una persona, aun siendo muy buen estudiante, no sea capaz de superar la presión que le suponen los exámenes y muestre un rendimiento muy por debajo del esperado. Ahora bien, dejando ciertos casos excepcionales a un lado, en general, las relaciones causales son un gran predictor de nuestro futuro.

"Si lo que hacemos a diario tendrá tal efecto en nuestra vida futura, ¿por qué no somos conscientes de muchas de las cosas que hacemos en nuestro día a día?, ¿por qué no les prestamos atención?"

Podría decirse que no somos conscientes de todo lo que hacemos a diario por falta de reflexión. Sin embargo, cabría resaltar que no siendo conscientes de todo cuanto hacemos nos hace ser más felices (al menos de momento). Es más fácil dejarse llevar por la rutina del día a día, que detenernos a reflexionar sobre nuestros hábitos y esforzarnos por tomar el control de estos. Además, en la vida todo sucede muy deprisa y nosotros estamos demasiado ocupados con otras cosas (muchas de ellas triviales, como las redes sociales), como para detenernos a reflexionar. Sin duda, podemos vivir en piloto automático sin necesidad de valorar nuestra existencia o realizar *cambios* (lo cual suele paralizar a muchos, cuando no asustarlos). Seamos honestos: en general, a las personas no suele gustarnos "mirarnos el ombligo", mucho menos intentar cambiar. La auto-reflexión, y mucho menos la auto-crítica realizadas de forma tan *honesta* como humanamente posible (es decir, tratando de minimizar nuestros sesgos), son hábitos que pocas personas realizan, por más que sean del todo beneficiosos. Ahora bien, si nos viésemos navegando en un barco que se encuentra a la deriva, mirar hacia otro lado para tratar de sentirnos mejor con la situación nos serviría de poco, ¿no es así? Por tanto, ¿no sería mejor evitar vernos en esa tesitura?, ¿no haríamos mejor prestando atención al problema, buscando una solución y tratando de mantener el control del navío cuando aún estamos a tiempo? Entonces, ¿por qué no lo hacemos? Simplemente porque, como decía, mirar a otro lado es fácil, mientras que "mirarnos el ombligo" o reflexionar sobre nuestras carencias es difícil y además, a veces hasta doloroso.

Déjame hacerte una pregunta que te resultará bastante extraña: ¿Qué podrías hacer para conseguir desarrollar un cáncer en el futuro?

Una vez superada la sorpresa, es probable que me respondas diciendo que, aunque hay muchos tipos de cánceres y que estos tienen un gran componente genético, probablemente llevarías a cabo algunas de estas cosas:

- Pasar mucho tiempo sentado.

- Comer mucha comida basura y pocos alimentos sanos.

- Hacer poco ejercicio o ninguno.

- Fumar y/o beber alcohol regularmente.

- Beber poca agua.

- Trasnochar (no descansar lo suficiente).

- Vivir estresado constantemente.

Ahora mi pregunta es la siguiente:

¿Cuántas de estas cosas haces regularmente en tu vida, en tu día a día?

¿Te das cuenta?, ¿tiene ahora más sentido el concepto de metas inconscientes? Es posible que, sin ser consciente de ello, estés persiguiendo una meta que jamás te hayas marcado y que estés haciendo todo lo posible por conseguirla, tanto o más que si conscientemente hubieses decidido alcanzarla.

Por ejemplo, he conocido y sigo conociendo regularmente personas que cuidan enormemente su alimentación (la mayoría habiéndose hecho vegetarianas, que consumen alimentos exclusivamente de cultivo ecológico). Sin embargo, muchas de ellas no sólo no hacen ejercicio, sino que, además, pasan la mayor parte del día sentadas. Yo no soy médico, pero me atrevo a decir que, sin ejercitarse, estas personas siguen un estilo de vida poco saludable, por más que su intención sea todo lo contrario.

Obviamente, con esto no pretendo asustarte (aunque tal vez lo haya conseguido). Mi intención es hacerte consciente de lo siguiente:

- Lo que haces en tu día a día de forma consciente o inconsciente, sin lugar a dudas tendrá un impacto determinado en tu vida futura.

- Sólo puedes controlar aquello de lo que eres consciente.

- La importancia que tiene que reflexiones y tomes el control de tu vida lo antes posible.

Teniendo en cuenta lo dicho: ¿Por qué no te paras a valorar qué metas inconscientes puedes estar persiguiendo en tu día a día?

Si aún no lo has hecho, te animo nuevamente a reflexionar sobre tu rutina diaria: ¿Hacia dónde te dirige? Si la dirección actual te llevará a buen puerto, ¡estupendo, sigue así! Si, por el contrario, te das cuenta de que puedes hacer un mejor uso de tu tiempo, ponte manos a la obra y, progresivamente, haciendo cambios pequeños pero constantes, ¡cambia tu vida!

Recuerda: utiliza la imaginación para visualizar un futuro mejor. Después, lleva a cabo lo dicho en otros capítulos para, poco a poco, ir cambiando tu vida en la dirección que más te guste.

Con paciencia, esfuerzo y determinación ¡todo es posible!

PARTE IV

CREE EN TI

6. Cree en ti

Creer en uno mismo es probablemente el paso más importante que jamás daremos en nuestra vida, no sólo de cara a conseguir nuestros sueños, sino también de cara a ser felices. Creer en uno mismo es una garantía de éxito y viceversa. Si quieres conseguir tus sueños, pero aún no crees en ti mismo, no esperes más. *Ahora* es un momento perfecto para dar un vuelco crucial a tu personalidad y a tu vida.

6.1 Creo o no en mí

En general, suelo distinguir entre dos tipos de personas: aquellos que creen en sí mismos y aquellos que no. A las personas que creen en sí mismas les resulta más fácil alcanzar mayores niveles de éxito que a las personas que no creen en sí mismas, porque las primeras desarrollan más confianza y autoestima que las últimas. Si pudiésemos ir al centro de tu ser, a tu núcleo, a lo más profundo de tu personalidad y a partir de ahí fuésemos hacia fuera hasta llegar a tu situación actual, lo primero que encontraríamos sería una de estas creencias:

- Creo en mí

- No creo en mí

A partir de ahí, encontraríamos el resto de creencias que tienes sobre la vida en general:

- Cómo crees que es el mundo.

- Cómo piensas que son las personas.

- Qué cosas pueden hacerse, conseguirse, etc.

Dependiendo de cuál es tu creencia inicial (creo/no creo en mí) te representarás el mundo de una forma más positiva o negativa. Recuerda que para cada uno de nosotros el mundo es una representación que nuestra mente hace de él. Nuestros sentidos captan la información (lo que ves, lo que hueles, lo que escuchas), el cerebro procesa esta información y elabora una representación del mundo (de tu mundo). Además, según sean tus creencias, así será el producto final (interpretación) que te "entregue" tu cerebro, así será tu representación. Por eso dos personas pueden reaccionar de forma distinta ante una misma situación, porque cada una de ellas interpreta la situación de forma diferente. En cierto sentido, puede decirse que "cada una vive en su mundo". Por eso, si crees en ti mismo, también creerás que puedes conseguir tus sueños, mientras que si no lo haces, probablemente estés acostumbrado a vivir con dudas y falta de confianza, lo cual no te ayudará a alcanzarlos o te incitará a descartarlos.

Pero hay mucho más. Como vimos al principio del libro, todo cuanto hacemos comienza siendo una idea en nuestra mente, una idea que requiere de la aprobación de nuestra mente para que la llevemos o no a cabo. Si crees en ti mismo, es mucho más probable que tu mente apruebe esas ideas, te muestre su apoyo y te dé "luz verde" de cara a intentarlo y tratar de tener éxito. Al contrario, si no crees en ti mismo, tu mente no aprobará ciertas ideas, de modo que interferirá en tu desarrollo personal y dificultará tus posibilidades de éxito. La mayoría de las personas tenemos el potencial de alcanzar lo que nos propongamos pero, desgraciadamente, en muchos casos nuestra mente se convierte en el primer y mayor obstáculo de cara al éxito, privándonos incluso de la oportunidad de intentarlo.

Imaginemos que decides dar el primer paso de cara a tus objetivos. Si crees en ti mismo, tu mente, aunque tenga dudas, aunque encuentre obstáculos e impedimentos, terminará por ponerse de tu lado y decirte que *tú puedes*. ¿Por qué? Porque las personas que creen en sí mimas encuentran un *yo puedo* en el mismo centro de su personalidad mucho antes que las dudas y los obstáculos que les pueda generar tratar de conseguir algo importante o que les suponga un reto (esto último es secundario). En sus mentes, este tipo de personas encuentra las siguientes afirmaciones:

> *"¡Tú puedes!, ¡seguro que lo consigues!, ¡no lo dudes!, ¡empieza ya!"*

Las personas que creen en sí mismas no centran su atención en las dudas que genera el hecho de emprender algo nuevo ni tampoco en los problemas que irán surgiendo a lo largo del camino o que ya están ahí, sino que centran sus mentes en la habilidad que tienen para superar cualquier obstáculo que llegue en el camino. La confianza que tienen en sí mismas dará paso a una determinación inquebrantable que les hará afrontar cualquier problema o impedimento que se presente.

Al contrario, si no crees en ti mismo tendrás más miedos, dudas e inseguridades que confianza en tus posibilidades de éxito. De modo que, debido a tu falta de confianza, es probable que, o bien decidas descartar la idea (*cerrarte la puerta a ti mismo*), o bien posponer su comienzo, o tal vez empieces, pero sin la convicción de que podrás llegar al final (en definitiva, sin la determinación que se necesita). Así, tan pronto como se presenten los primeros obstáculos, tu falta de confianza y determinación te jugarán una mala pasada. Tu mente te dirá:

"Ya te había dicho que lo que te proponías era muy difícil de conseguir. Lo has intentado y no has podido... ¡Una retirada a tiempo vale más que mil victorias!"

De este modo, es muy posible que abandones al encontrar el primer obstáculo lo suficientemente grande. Tu mente no estará de tu parte, sino en contra de ti:

"¿No has perdido ya suficiente tiempo y dinero?, ¿por qué no escuchas lo que todo el mundo que te quiere te dice? ¡No insistas más!, ¡abandona ahora que todavía estás a tiempo!"

Hay personas que no confían en sí mismas, pero que superan los primeros obstáculos que se presentan porque tienen el apoyo de alguien en quien sí confían, quien se encarga de traer a la mesa la confianza y determinación que ambos necesitan. Por eso, muchas veces encontramos personas que, sin creer en sí mismas, alcanzan éxito en la vida. Cabe preguntarse quién se encuentra detrás de su éxito.

De cualquier modo, déjame decirte que tú no necesitas que haya otra persona que te anime a comenzar o a continuar, simplemente necesitas que tu mente esté de tu parte y te ayude a dar lo mejor de ti mismo desde el principio. ¿Recuerdas lo que decíamos en el primer capítulo?

¿Eres director o víctima de tu mente?

Observa tu autocharla y asegúrate de que es positiva y constructiva, libre de pensamientos derrotistas. No permitas que tu mente se convierta en un obstáculo insalvable en tu camino hacia el éxito.

¡No dejes que la duda debilite tu auto-confianza! ¡Ten un poco de fe y comienza a creer en ti mismo!

6.2 Es un acto de fe

Creer en uno mismo es un acto de fe: tener fe en ti, en tu persona, en tu capacidad. Es así de simple y, a su vez, así de complejo. Al contrario de lo que muchas personas creen, no hace falta conseguir ningún tipo de éxito de cara a creer en uno mismo. Si te fijas, la misma palabra lo dice: creer en uno mismo. No se cree en los logros o títulos y demás, *se cree en la valía personal que uno tenga* (o piense que tenga). De hecho, cuando una persona no cree en sí misma, no hay títulos ni éxitos que puedan acabar con la duda dentro de su mente. Sin embargo, donde hay fe, no hay dudas. ¿Por qué? Porque éstas son mutuamente excluyentes. De modo que, si elegimos tener fe, acabaremos con nuestras dudas y, al contrario, existirán dudas cuando no tengamos fe en nosotros mismos. Ten en cuenta que, después de todo, ni la duda ni la fe son reales, sino meros productos de nuestro pensamiento. Los obstáculos, problemas e impedimentos que encontraremos en el camino sí que son reales, pero la fe y la duda…

¡Sólo existen en tu mente!

De modo que, o tienes fe en ti o tendrás dudas. Si te concentras en las dudas que te provoca la situación, automáticamente dudarás también de ti mismo:

- *"¿Podré o no conseguirlo?"*

- *"¿Y si las cosas no salen como espero?"*

- *"¿Estoy realmente preparado o fracasaré?"*

Por eso, te será más fácil alcanzar tus sueños si tienes fe en ti mismo, si crees en ti, porque, aunque con total seguridad encontrarás muchos obstáculos y problemas a lo largo del camino, *ninguno será tan grande como dudar de ti mismo.* Recuerda, la duda es algo que sólo existe en tu mente, por tanto, elige creer en ti, tener fe en ti y la duda desaparecerá. Al menos, momentáneamente, pues a la duda le gusta acompañarte. Es más, con seguridad, en los momentos de mayor dificultad reaparecerá llamando a tu puerta. Es en estos momentos cuando la vida te pondrá a prueba, cuando pondrá tu fe en ti y tu deseo de tener éxito a prueba. En los momentos de mayor dificultad es cuando la mayoría de las personas pierden la fe en sí mismos. La duda se instala en sus mentes creándoles inseguridad hasta que al final abandonan o fracasan (ten en cuenta que, dudando, es imposible dar lo mejor de uno mismo). Si realmente quieres tener éxito, si quieres llegar más allá que la mayoría, deberás desarrollar una fe inquebrantable en ti mismo.

Recuerda: Es en los momentos difíciles cuando las personas demostramos quienes somos en realidad y hasta qué punto deseamos conseguir nuestros sueños.

¡No permitas que la duda mine tu confianza!, ¡ten fe en ti mismo!

6.3 Debe haber coherencia entre tu mundo interior y exterior

El primer paso para creer en ti es simplemente decidir hacerlo. Tienes que elegir tener fe en ti mismo. Al principio es puramente un acto de fe, pero más tarde la fe inicial que depositemos en nuestra persona se fundamentará en hechos. Es parecido a decidir tener una creencia religiosa:

- Creo en Buda.

- Creo en Alá.

- Creo en Dios.

Del mismo modo, debes decir: *"Creo en mí"*.

Al igual que los seguidores de las distintas doctrinas o religiones pueden ser buenos o malos creyentes (es decir, que llevan a la práctica o no sus creencias), igualmente, cuando una persona decide creer en sí misma, tener fe en sí misma, también puede comportarse como un buen o mal creyente. Para ser un *buen creyente*, debes practicar tu creencia en el mundo. Es decir, para obtener resultados, no sólo basta con decir *creo en mí*, sino que *debe haber coherencia entre tu mundo interior y tu mundo exterior*, entre tus creencias y tus actos. Cada vez que actúas en la dirección que te dicta tu voz interior refuerzas una relación positiva contigo mismo. Es como validar (con el mundo como testigo) tus creencias y tu persona. Por eso, actuar en el mundo de forma coherente contigo mismo, con tu interior, es el segundo paso que hay que dar para reforzar la confianza que tienes en ti mismo. Aunque ocurra de forma indirecta (a través de nuestras acciones), es sin duda la forma más directa de hablarle a lo más profundo de tu ser y decir: *"Creo en mí, por eso actúo de acuerdo a mi voz interior"*.

Si piensas y *sientes* que estás siguiendo el camino que tu voz interior te dicta, si consideras que estás siendo honesto contigo mismo, poco a poco, reforzarás la confianza en ti mismo. Gradualmente te convertirás en una persona más auténtica, más fiel a ti misma: *serás más tú mismo*. Tu mente te enviará mensajes positivos del tipo:

- *"Estoy orgulloso de ser quien soy"*.

- *"Sigo a mi voz interior porque creo en mí"*.

- *"Me gusta como soy"*.

Al contrario, si existe una discordancia entre tu voz interior y tus acciones en el mundo, te será imposible creer en ti mismo porque cada vez que actúes de forma distinta a como realmente eres, indirectamente te estarás enviando un mensaje negativo a ti mismo:

- *"No estoy orgulloso de ser quien soy, por eso imito a los demás"*.

- *"No sigo a mi voz interior porque no creo en mí"*.

- *"No me gusta como soy"*.

Para reforzar la confianza en ti mismo es vital que exista coherencia entre tu mundo interior y tu mundo exterior.

Una vez hayamos tomado estos dos pasos necesarios ("tener fe en ti" y "alinear tu voz interior con tus actos"), ocurrirá que, gradualmente, aquello que era un simple pensamiento *("Creo en mí")* terminará por convertirse en realidad. De pronto, te enfrentarás a la vida teniendo un *sí puedo* siempre presente (en lugar de un *no puedo*). Tener fe en ti te ayudará a desenvolverte en el mundo con confianza, lo cual te pondrá en una mejor posición de cara a afrontar lo que te propongas. Lo que inicialmente sólo era una creencia irracional (i.e. tener *fe* en ti), terminará por convertirse en una realidad avalada por hechos. Como un mecanismo que se retroalimenta, tu renovada auto-confianza te hará obtener mejores resultados en aquello que emprendas, lo cual, a su vez, reforzará la fe en ti. Podría decirse que se trata de una *profecía autorrealizada* (pág. 134).

En palabras de Confucio:

"Tanto quien dice que puede como quien dice que no puede está en lo cierto".

6.4 Creer en uno mismo es independiente del éxito o de la habilidad que tengamos

Creer o no en uno mismo es independiente del éxito que tengamos, del dinero que ganemos, del sitio donde vivamos, de la familia que tengamos, etc. Creer en uno mismo es un acto de fe: de fe en ti.

La mayoría de las personas que creen en sí mismas simplemente lo hacen sin más, porque llevan haciéndolo desde su infancia. Sin darse cuenta, desde niños y durante la adolescencia (etapas cruciales en el desarrollo de la personalidad) estas personas comenzaron a creer en sí mismas y continuaron haciéndolo hasta la edad adulta. Ahora es algo normal, algo en lo que no piensan y que ocurre de forma automática. El mismo proceso a la inversa ocurre con las personas que no creen en sí mismas. Para ellas no creer en sí mismas es también algo normal, automático, algo que llevan haciendo durante muchos años. Pero, desgraciadamente, es algo que afecta de forma negativa a cada decisión que toman en sus vidas: desde elegir trabajo hasta elegir pareja.

Como vimos al principio (pág. 47), algunas personas *perciben* el resultado de una situación dada como un gran fracaso del cual nunca consiguen recuperarse. Y lo que es peor: permiten que dicho fracaso mine su confianza para siempre. Por desgracia, lo cierto es que no es un fracaso en sí mismo lo que directamente destruye nuestra confianza, sino la lectura o interpretación que hacemos de dicho fracaso, especialmente al *personalizarlo*. Haciendo esto, algunas personas dejan que un fracaso puntual (por desastroso que sea) defina parte de su persona para siempre:

"Está claro que no valgo; de lo contrario, todo habría salido mejor".

Al contrario, otras personas simplemente interpretan el hecho de fracasar de una forma más constructiva, decidiendo aprender de sus errores:

"Todo aquel que intenta llegar lejos fracasa alguna vez antes de tener éxito; está más que comprobado. Lo importante es aprender de mis errores y no dejar de intentarlo hasta conseguirlo".

Si te paras a pensar en las personas que conoces, seguro que podrás observar que aquellas que tienen mayor confianza en sí mismas no necesariamente son las que tienen mayor éxito. Si les preguntases por qué tienen tanta confianza en sí mismas, la respuesta más probable es que te digan que no lo saben. Por otro lado, puede que también conozcas personas que tienen bastante éxito, pero que, sin embargo, no cuenten con una saludable auto-confianza. Igualmente, quizá conozcas personas que, sin ser especialmente brillantes, puede que cuenten con buenas dosis de auto-confianza y viceversa. Si te paras a reflexionar, te darás cuenta de que para confiar en uno mismo ni es necesario tener éxito ni se necesita ser realmente habilidoso o inteligente. Como digo, es más un acto de fe en uno mismo que otra cosa. Es elegir poner en nuestras mentes un *yo puedo*, un *creo en mí*, en lugar de un *no puedo* o un *no creo en mí*.

Por supuesto, como decíamos antes, una vez las cosas comiencen a salirnos bien iremos "alimentando" nuestra auto-confianza. El problema estriba en que, si nos limitamos a creer y confiar en nosotros mismos sólo en la medida en que las cosas vayan bien, cuando las cosas vayan mal, ¿qué nos ocurrirá? Es por esto que haremos mejor desarrollando fe en nuestra persona y habilidades. Así, nuestra auto-confianza no dependerá de factores externos (fuera de nuestro control), sino internos (dentro de nuestro control). Los resultados, con tiempo, esfuerzo y determinación, llegarán.

Recuerda: si pretendes llegar a confiar en ti mismo sólo cuando hayas conseguido algún tipo de éxito mayor, o cuando seas un experto en alguna materia o actividad, quizá nunca lo consigas. Puede que incluso hayas visto cómo algunas personas esconden su falta de confianza detrás de sus éxitos o habilidades. Tener éxito sin duda ayuda a desarrollar la confianza en nosotros mismos, pero no es un requisito (además, recuerda que el éxito es efímero). Insisto, para creer en ti simplemente has de decidir dar un cambio a tu actitud mental. Debes *elegir* tener fe en ti en lugar de dudas y miedos. Acepta sólo un *yo puedo*, un *creo en mí* dentro de tu mente.

6.5 ¿En qué creemos realmente?

Para conseguir un poco de dinero extra, comencé a dar clases particulares de inglés cuando aún estaba estudiando en la universidad. Una amiga me cedió a una de sus alumnas, a quien jamás olvidaré. Recuerdo que me dijo algo así sobre ella: "Es muy buena chica, pero es un poco 'cortita' intelectualmente".

Cuando llegué a casa de esta chica (tenía dieciséis años) me recibió su madre. A regañadientes y usando indirectas (algo "directas") me dijo *delante* de la chica: "Es muy trabajadora. Trabaja más que nadie, pero, ya sabes... no esperes que... vamos, que no es muy... tú me entiendes".

Podría decirse que éste era un típico caso de la influencia de las expectativas de los padres/maestros sobre el rendimiento académico de un hijo/alumno. Si las expectativas son bajas, el rendimiento puede verse afectado y ser igualmente bajo. No obstante, yo prefiero presentar esto como un caso de una persona que, sin tener ninguna limitación intelectual -en absoluto- había sido inducida a creer que la tenía.

En la primera clase ya me di cuenta del problema. Esta chica, al menor obstáculo, desactivaba su mente y me decía, "No sé". "Es normal que no lo sepas, no te preocupes" –le respondía– "estamos aprendiendo. Sigue pensado y trata de averiguarlo".

Era un problema de confianza. De modo que, además de inglés, indirectamente trabajé con ella su autoconfianza y a nunca darse por vencida, a seguir pensando siempre hasta encontrar la solución, aunque ésta llegase cierto tiempo después.

Al final, esta chica estudió con éxito una carrera de ingeniería, lo cual demuestra que no tenía ningún déficit intelectual.

¿Por qué te cuento esta historia? Porque es importante que te des cuenta de que, si tienes una imagen pobre de ti mismo, da igual que en realidad seas capaz de conseguir todo cuanto te propongas: la imagen y tus creencias negativas sobre ti mismo te limitarán. En psicología, a esto lo llamamos "autoconcepto".

Cuando una persona que tiene una idea pobre o negativa de sí misma (un pobre auto-concepto) se enfrenta a una dificultad u obstáculo que le supone un reto, suele abandonar antes de solucionarlo porque su mente le dice:

"Esto es imposible, no vas a poder. Esto te supera".

Otras personas quizá menos capaces que éstas, pero que cuentan con un auto-concepto positivo, no se detendrán dada la misma situación, sino que continuarán hasta conseguir su propósito. Su mente les dirá:

"Sigue intentándolo; al final lo conseguirás".

¿Te das cuenta?

En la vida no se trata de quién eres, si no de *quién crees que eres.*

No se trata de qué has conseguido hasta hoy, sino de qué crees que puedes conseguir en el futuro.

Cuando una persona cree en sí misma, ¿en qué está creyendo realmente? Simplemente, en la *imagen* que tiene de sí misma. Como su propio nombre indica, la imagen de una persona no es la persona, sino una *idea* de ésta.

Aviso: voy a interpolar unas líneas donde hablaré sobe el amor, un tema sensible que requiere que el lector muestre una *mentalidad abierta*, tanto más puesto que lo que voy a decir se opone a lo que entendemos por amor en nuestra cultura.

Un buen punto de partida sería reflexionar sobre lo siguiente:

Si el amor es el rey de las emociones, si algunos dicen que es "la energía que hace existir al universo", ¿cómo es posible que tan a menudo provoque tanto sufrimiento y dolor?, ¿acaso no es esto contradictorio?, ¿podría ser que aquello que llamamos amor sea otro tipo de emoción?, ¿y si en lugar de amor, estamos refiriéndonos al "apego emocional"?, ¿y si hubiese distintos tipos de amor al igual que hay distintas emociones?

De hecho, la psicología describe distintos tipos de amor, siendo el denominado *amor romántico* el prevaleciente en nuestra sociedad, gracias al cine, a la literatura y a la música (y muy probablemente, gracias también a la naturaleza, aunque mejor dejaré este tema para otro momento). Desde pequeños somos educados directa e indirectamente para creer que el amor es como lo muestran las películas. Frases como las siguientes son moneda común:

- No puedo vivir sin ti.

- Te necesito.

- Sin ti no soy nadie.

Lo que ocurre es que nadie nos dice: "Eso es un ejemplo de *amor romántico*, es decir, una forma de amor inmaduro".

Existe una película que muestra estupendamente la diferencia entre lo que es amor y lo que no lo es, entre enamorarse y amar, entre un amor inmaduro y uno maduro. La película se llama "El velo pintado" (2006). En ella, vemos como el protagonista se enamora a primera vista de una chica, la cual, ya estando casada con él (por conveniencia), a su vez se enamora de una tercera persona, igualmente a primera vista (o tras unos breves encuentros). Como no podría ser menos, ambos protagonistas vivirán profundas desilusiones antes de, finalmente, abrir sus corazones a lo que realmente es el amor.

a) ¿Te has enamorado alguna vez?

Aunque sea más común durante la adolescencia, en la edad adulta sigue habiendo personas que se enamoran de otras sin ni siquiera haber mediado palabra antes con ellas (eso que se conoce como amor a primera vista). También hay personas que se enamoran tras haber pasado poco tiempo juntas, es decir, *aún sin conocerse*. En estos casos, es imposible que uno pueda llegar a enamorarse de "la persona" realmente, ya que no la conoce (puesto que no ha habido tiempo suficiente como para que esto ocurra). Sea como sea, las personas nos enamoramos, pero, ¿*de qué*? ¡Ojo!, ¿*de qué* nos enamoramos? (¡y no de *quién*!) Imagino que el lector estará de acuerdo conmigo con que se necesita mucho más que unas cuantas citas o unos cuantos meses para llegar a conocer a una persona, incluso superficialmente. Entonces:

¿De *qué* nos enamoramos?

Lo que ocurre es que uno (ayudado por los cambios químicos que el hecho de enamorarse produce en nuestro cerebro) se hace una *idea* de la otra persona y a continuación se "enamora" de esta idea (obviamente, todo esto ocurre inconscientemente). Más tarde, si las cosas van bien y llegamos a tener la ocasión (¡y el tiempo!) de conocer realmente a la persona de la que estamos enamorados, comprobaremos que la idea inicial que teníamos de ella y como realmente es, son generalmente dos cosas muy distintas que raramente coinciden.

Pues bien, volviendo al tema que nos ocupaba (el autoconcepto), al igual que las personas creamos una idea, una imagen de quien nos enamoramos y luego (si el tiempo nos lo permite) descubrimos hasta qué punto esa idea/imagen era cierta, del mismo modo, uno tiene una *idea*, una *imagen de sí mismo* (autoconcepto) en la cual uno cree ciegamente y sólo mediante el tiempo y el autoconocimiento podremos verificar si existe discrepancia entre nuestro autoconcepto y como realmente somos, o si son una misma entidad.

En algunas ocasiones, la imagen que uno tiene de sí mismo y como uno realmente es no coinciden (al igual que ocurre entre los enamorados). Ahora bien, si tenemos una imagen positiva de nosotros mismos (un autoconcepto positivo), ya sea que coincide o no con la realidad, con seguridad nos hará más bien que mal. Al contrario, si tenemos un autoconcepto negativo, éste se comportará como una condena de por vida, ya que vayamos donde vayamos siempre estará con nosotros haciéndonos infelices e impidiendo que disfrutemos del todo nuestra vida.

En el caso de los enamorados, si la idea que uno tenía de su pareja termina viéndose comprometida por la realidad; si esa persona de quien nos enamoramos nos demuestra ser muy diferente de la idea que *habíamos creado de ella*, como mínimo nos llevaremos un chasco. Será doloroso, pero se nos pasará. Al final, con mayor o menor sufrimiento, las personas se separan y siguen su camino, pero:

¿Qué pasa cuando forjamos una imagen de nosotros mismos que no es fiel a la realidad, o que es negativa?

En el primero de los casos, simplemente no podremos desarrollar todo nuestro potencial, puesto que para crecer, es necesario conocer cómo somos realmente y qué podemos mejorar. Incluso si nuestro autoconcepto es positivo, todas las personas tenemos *zonas a mejorar*, áreas de nuestra personalidad que nos impiden dar el cien por cien de nuestro potencial. Por eso, conociéndonos, averiguaremos qué partes de nuestra personalidad no trabajan en sintonía con las demás y, especialmente, no colaboran en la consecución de nuestros sueños. Sólo así podremos trabajar en nuestras zonas a mejorar y llegar a desarrollar la mejor versión de nosotros mismos.

En el segundo caso, un autoconcepto negativo no sólo será una fuente constante de sufrimiento (a menos que hagamos algo por cambiarlo), sino que, además, se convertirá en el mayor de los obstáculos de cara a tener éxito.

Podríamos decir que muchas personas se verán incapaces de conseguir sus sueños porque tienen un autoconcepto negativo que se lo impide (por más que esta idea de sí mismos probablemente no sea cierta).

Las personas que no creen en sí mismas porque tienen un autoconcepto negativo desaprovechan el talento y las cualidades que tienen porque no son capaces de verlas. Viven creyendo que *no pueden*, cuando lo cierto es que *sí pueden*, pero no lo saben. Son personas que tienen un autoconcepto que no les hace justicia, pero que consideran acertado. Estas personas son claras víctimas de su mente. Al no creer en sí mismas porque piensan que no son habilidosas o inteligentes, es improbable que algún día reúnan la determinación necesaria para comenzar a perseguir sus sueños, o bien tenderán a perseguir metas en desproporción a su capacidad real. Incluso si la vida les brinda buenas oportunidades de cambio, estas personas suele rechazarlas porque carecen de autoconfianza y se sienten incómodas yendo más allá de lo que se creen capaces (o de lo que *alguien como ellos* se merece).

"Si este fuese mi caso, ¿qué puedo hacer?", puede que te preguntes.

Si este fuese tu caso, si dudas de tu valía personal o tienes una idea negativa de ti mismo, lo adecuado sería tratar de conseguir que veas la valía real que de seguro tienes. Deberías actualizar tu autoconcepto hacia uno que sea más constructivo, más positivo, pero, sobre todo, que te haga más justicia y te incite a conseguir aquello que te propongas. Todas las personas tenemos virtudes y defectos. No tengas miedo de conocerte a ti mismo, ya que tus virtudes pueden llevarte lejos y tus defectos puedes paliarlos o erradicarlos.

No obstante, hacer esto por ti solo es difícil, aunque ni mucho menos imposible. Es mucho más fácil buscar un profesional que te ayude a descubrir cómo eres realmente, cuáles son tus virtudes y en qué puedes mejorar.

¿Recuerdas el espejo mágico del cuento de Blancanieves? En el cuento había una bruja que tenía un espejo que no sólo proporcionaba un reflejo, sino que también hablaba. Pues bien, un profesional actúa en parte de esa misma manera: el cliente no sólo ve su imagen reflejada en el espejo (el profesional), sino que éste también le habla (le proporciona *feedback*).

Una vez tuve un cliente que me decía que no se veía alcanzando sus sueños porque era una persona muy vaga:

- La verdad es que yo soy muy vago. Me cuesta ponerme... Y para tener éxito, ¡hay que trabajar duro!

Curiosamente, esta persona trabajaba entre cincuenta y sesenta horas a la semana en un restaurante, normalmente contando con sólo un día libre. ¿Vago?, no, no lo creo. Quizá le costaba dedicar horas a su proyecto de futuro porque estaba agotado.

- ¿Entonces, una persona que trabaja entre 50 y 60 horas a la semana con tan sólo un día libre de descanso, debe considerarse vaga?, ¿cuánto tenemos que trabajar para no considerarnos vagos? Me da la impresión –le contesté– de que tus creencias sobre ti mismo y tu realidad no concuerdan. ¿Tú qué piensas?

Al igual que aconsejé hacer a esta persona, puede que a ti también te viniese bien tomarte un poco de tiempo para reflexionar sobre cómo te ves a ti mismo. A fin de cuentas, puede que tú también tengas alguna idea equivocada sobre ti mismo, una idea que te puede estar limitando y que, con un poco de trabajo y buena voluntad, sin duda podrías superar.

Fábula de Anthony de Mello, *León y ovejas*[21].

Un leoncito apenas recién nacido se quedó rezagado y se perdió, pero un grupo de ovejas se cruzó en su camino y lo adoptó como un miembro más de su rebaño. El animal creció convencido de que era una oveja, aunque, por más que tratara de balar, solo lograba emitir débiles y extraños rugidos; y por más que se alimentara de hierba, cada vez que veía a otros animales sentía el deseo de devorar su carne. Y por ello, a diferencia del resto de ovejas, que pastaban plácidamente, el felino solía estar angustiado y triste.

Los años pasaron y el animal se convirtió en un león corpulento y fiero. Y una mañana, mientras el rebaño descansaba a orillas de un lago, apareció un león adulto. Todas las ovejas huyeron despavoridas. Y lo mismo hizo el león que creía ser una oveja, que enseguida quedó a merced del león adulto. Nada más verlo, el león cazador no pudo evitar su sorpresa al reconocer a uno de los suyos. Y sorprendido, le preguntó: "¿Qué haces tú aquí?". Y el otro, aterrorizado, le contestó: "Por favor, ten piedad de mí. No me comas, te lo suplico. Sólo soy una simple oveja". "¿Una oveja? Pero ¿qué dices?". El león adulto arrastró a su camarada a orillas del lago y le dijo: "¡Mira!". El león que creía ser una oveja miró, y por primera vez en toda su vida se vio a sí mismo tal como era. Sus ojos se empaparon en lágrimas y soltó un poderoso rugido. Acababa de comprender quién era verdaderamente. Y nunca más volvió a sentirse triste.

Como decíamos antes, "en la vida no se trata de quién eres, si no de *quién crees que eres*". Por eso, es vital tener una imagen positiva de uno mismo, es crucial *creer que uno vale*. Y esto está al alcance de todos, puesto que, en definitiva, nuestra imagen personal, nuestro autoconcepto es una *interpretación*, no una realidad. En general, se trata de refle-

---

21 Anthony de Mello, *¡Despierta!*

xionar sobre tu vida, adoptando una perspectiva diferente que te ayude a desarrollar una idea mejor, más saludable, sobre tu persona. Es cuestión de crear una *narrativa* que nos ayude a ir a más, a superarnos y, sobre todo, a sentirnos a gusto con nuestras virtudes y defectos, con nuestra persona, con quienes somos.

Como siempre han dicho los sabios, debemos tratar de conocernos a nosotros mismos. Al igual que uno trata de conocer a su ser amado, igualmente debemos tratar de conocernos a nosotros mismos. Así estaremos en mejor disposición de crear una imagen de nosotros mismos adecuada. Y lo que es más importante: si nos conocemos bien, no sólo podremos acrecentar nuestras virtudes, sino también nuestras zonas a mejorar. Si no conocemos qué partes de nuestra personalidad podemos mejorar, es imposible que lo hagamos. Si no desarrollamos tanto nuestros puntos fuertes como nuestros puntos débiles, jamás podremos dar el cien por cien de nuestro potencial.

Si queremos tener éxito en la vida, es muy importante tener una imagen adecuada de nosotros mismos. Además, una imagen positiva no sólo te ayudará a conseguir tus sueños, sino también a disfrutarlos, a hacerte creer que buena parte de tu éxito se debe a tu valía personal.

Si miras en tu interior y no encuentras una imagen positiva y agradable de ti mismo, quizá sea el momento de contratar los servicios de un profesional que te ayude a mirarte con mejores ojos y que te haga descubrir la valía que realmente tienes. Todas las personas tenemos una gran valía, lo que ocurre es que sólo algunas somos conscientes de esto.

Un profesional te ayudará a que te des cuenta de que tienes algunas ideas erróneas, irracionales, sin fundamento sobre ti mismo y sobre tu vida, y te ayudará a sustituirlas (o actualizarlas) por ideas constructivas, positivas, pero, sobre todo, adaptativas. Como decía, se trata de la *narrativa personal*, de cómo contamos la historia de nuestra vida. Recuerda que una misma historia puede ser contada de muchas maneras. A fin de cuentas, no sólo se trata de que seamos capaces de conseguir nuestros sueños, sino de poder disfrutarlos sintiéndonos orgullosos de nosotros mismos y aceptando nuestra valía personal.

Recuerda: No importa quién eres, sino ¡quién crees que eres! Tu autoconcepto es simplemente una interpretación de ti mismo, de tus experiencias, de tu vida. *¡Una interpretación!* Hay muchas formas de interpretar una misma vida. Por tanto, ¡no te conformes con una imagen pobre o negativa de ti mismo!, ¡cámbiala!

6.6 Influencia de la norma social – aprobación social

En todas las sociedades existe lo que se suele denominar *norma social*: una norma o código implícito, pero que todos conocemos (al menos, en los límites de nuestra cultura/sociedad). Básicamente, se trata de una serie de normas no explícitas, que de algún modo garantizan que las personas *encajemos* en distintos contextos[22] y, además, facilitan la convivencia en grupo. Dichas normas promueven distintos refuerzos o sanciones para los distintos comportamientos en grupo. De ahí que las personas sepamos de forma aproximada qué tipos de comportamien-

---

[22] Aunque las normas sociales poseen otras funciones (e.g. mantener el orden social), me centraré en lo que resulta relevante para este capítulo.

tos tienen más probabilidad de recibir la aprobación de los demás (aprobación social) o su rechazo. Lo que en principio facilita las relaciones humanas y favorece al conjunto, puede llegar a dañar *la relación que uno tiene consigo mismo*, es decir, puede dañar al individuo.

Como veíamos antes, creer en uno mismo es un acto de fe en uno mismo y, además, es una de las primeras creencias que tenemos sobre nosotros. Pues bien, si nos paramos a reflexionar, veremos que es imposible desarrollar una creencia tan profunda si la nutrimos desde el exterior, desde la aprobación social. Entre otras cosas, porque la aprobación social siempre será variable: unas veces gustaremos más y otras menos; por tanto, la aprobación que recibamos por parte de los demás será inconsistente. Por esto, si esperamos llegar a creer en nosotros mismos basándonos en lo que otras personas opinan de nosotros, en si gustamos a los demás o no, en si tenemos mayor o menor éxito, etc., muy difícilmente llegaremos a conseguirlo.

Las personas que tienen mayor desarrollo personal y, por tanto, se conocen mejor a sí mismas, prestan menor atención a la norma social, puesto que no tratan de encajar con la mayoría, sino consigo mismas. Cuanto menor es el desarrollo personal y el conocimiento de uno mismo, mayor atención se suele prestar a la norma social. Esto último puede observarse con facilidad entre los adolescentes, cuando aún están desarrollando su personalidad y, por tanto, es muy difícil que a la vez tengan un gran conocimiento de sí mismos. Es normal observar cómo estos tratan de encajar en determinados grupos o cómo suelen identificarse con determinadas marcas o tendencias; todo ello en un intento de sentirse seguros, de sentirse *aprobados* por sus iguales. Entre adultos sigue ocurriendo lo mismo, aunque a veces no sea tan fácilmente observable. Los adultos continúan tratando de encajar en contextos sociales y siguen buscando la aprobación de los demás para sentirse bien consigo mismos. Cuanto menor sea la autoconfianza, mayor necesidad de aprobación social se tendrá y viceversa.

La primera y única persona en confiar en ti debes ser tú mismo: deja que los demás lo hagan después. Pero si tú mismo no lo haces, si tú no crees en ti mismo, no esperes que los demás lo hagan. De hecho, si *eliges* no confiar en ti y te dedicas a tratar de encajar y recibir la aprobación de los demás, tu autoestima y, por consiguiente, tu autoconfianza fluctuarán a lo largo de tu vida según sea la opinión y grado de aprobación que recibas de los demás.

Algunas personas inseguras, al tener miedo de no encajar o de ser rechazadas en un determinado contexto social, optan por no comportarse como realmente son y van más allá de lo que exigiría la norma social (i.e. observar ciertas normas de educación y convivencia) de cara a conseguir la aprobación social. Así, llevando a cabo aquellas conductas que consideren más probables de recibir aprobación social (en lugar de comportarse como realmente son por miedo a no encajar o no gustar siendo ellos mismos), ni dicen lo que quieren decir ni se comportan como realmente son, sino que dicen lo que creen que es adecuado y se comportan como consideran que es apropiado. Con esto ocurren dos cosas:

1. Al comportarnos buscando la aprobación de los demás (en lugar de como realmente somos) se refuerza la duda y la inseguridad en uno mismo y, por tanto, hacemos que nuestra autoestima mengue. Indirectamente, nos estaremos enviando el siguiente mensaje:

- *"Si me comporto como realmente soy no voy a gustar a los demás".*

- *"Si me comporto como realmente soy los demás me recha-zarán".*

Es decir, así reforzamos la duda y dañamos la autoestima y la autoconfianza.

2. No somos auténticos, genuinos, sino superficiales. Sólo hay una persona como tú: tú mismo. Al contrario, hay un sinfín de personas superficiales e inseguras. Tienes mayor probabilidad de éxito siendo tú mismo que tratando de ser como la mayoría.

Si por miedo a no encajar o a no ser aprobado te comportas de una forma distinta a como realmente eres, lo único que estás consiguiendo es:

- Hacer que tu autoestima dependa de los demás y no de ti mismo. Es decir, los demás decidirán cuánto vales en cada momento, en lugar de hacerlo tú mismo.

- Dejar que los demás controlen tu vida y tu estado emocional.

- Sembrar la duda y la inseguridad en tu persona.

- Imposibilitar tu desarrollo personal y, de este modo, impedir dar lo mejor de ti mismo.

- Impedirte la posibilidad de disfrutar siendo quien realmente eres.

Al final, todo se reduce a elegir entre arriesgarse o tener miedo. Arriesgarse a no gustar, a no recibir aprobación y a ser rechazado por un grupo de personas siendo tú mismo; o tener miedo de lo anterior y, en consecuencia, dejar de comportarnos como realmente somos cuando tratamos con los demás.

Si te arriesgas a ser tú mismo, terminarás por creer en ti porque el mensaje que indirectamente te estarás enviando es éste:

"Estoy orgulloso de ser quien soy".

Si optas por dejar de ser tú mismo (por miedo a no encajar o a ser rechazado) y, de este modo, permites que los demás controlen cómo debes ser y comportarte, te será imposible creer en ti mismo puesto que el mensaje que te estarás enviando es éste otro:

"Me avergüenza ser quien soy; no me gusta como soy".

Como veíamos antes, este tipo de actitud mental termina por minar nuestra autoestima y autoconfianza. Cada vez que dejemos de comportarnos como realmente somos, estaremos atentando directamente contra el núcleo de nuestro ser. De este modo, reforzaremos la falta de confianza en nosotros mismos y lo que es peor: la creencia de que *yo no valgo*.

Si no crees en ti, te animo a que ahora mismo te pares a reflexionar sobre todo esto y decidas comenzar a dar un vuelco a tus creencias. Cada uno de nosotros *tiene algo especial que ofrecer* a la sociedad, pero esto sólo llegaremos a conocerlo si nos atrevemos a conocernos a nosotros mismos y a comportarnos como realmente somos. Si no encajas en un grupo siendo tú mismo, de seguro habrá otro grupo en otro sitio esperando recibirte de brazos abiertos. Si no gustas a un grupo de personas, busca otro grupo que te acepte tal como eres.

Para terminar, déjame hacerte una pregunta:

¿A ti qué tipo de personas te resultan más atractivas: aquellas que percibes como auténticas y genuinas o aquellas que percibes como superficiales y falsas?

Si tienes que ser rechazado, sé rechazado siendo tú mismo. Si vas a ser desaprobado, que te desaprueben siendo tú mismo. Si no encajas en un determinado contexto, no encajes siendo tú mismo. De lo contrario, siempre te quedará la duda de qué habría ocurrido si hubieses dicho o hecho lo que realmente querías o sentías. A fin de cuentas, también puedes ser rechazado o desaprobado incluso siguiendo tu interpretación de las normas sociales para tratar de encajar. ¿No será mejor que trates de ser tú mismo? En el peor de los casos, al menos serás una persona auténtica: así siempre podrás estar orgulloso de ti mismo. Además, ten en cuenta que ninguna persona encaja en todos los sitios ni gusta a todas las personas ni recibe sólo aprobación. Ninguna. Asimismo, si no eres fiel a ti mismo, cuando recibes aprobación sabes que en realidad no te corresponde, porque no te has comportado de acuerdo a como tú eres, sino siguiendo tu criterio de la norma social. Si dejamos de comportarnos como realmente somos (i.e. si nos comportamos de forma falsa y superficial de cara a encajar y a recibir aprobación), al final, terminaremos por crear una dolorosa discrepancia entre nuestro fuero interno y nuestro *yo*. Es así como, con el tiempo, las personas comenzamos a sentir que somos un remedo, una falsa. Es así como algunas personas terminan buscando desesperadamente la aprobación de los demás y raramente recibiéndola.

A la única persona a quien realmente debes gustarle es a ti mismo. Si no te gusta algo de ti, cámbialo. Si no puedes cambiarlo (como es el caso de algunos rasgos físicos), acéptalo. Si te gustas a ti mismo, gustarás a los demás también. No a todos, pero seguro que a muchísimos más que si tú mismo te desapruebas. Ten en cuenta que pocas cosas son más atractivas que una persona que se gusta y acepta a sí misma como es.

Puede que en el mundo entero haya alguien que se te asemeje. Pero la única persona que hay como tú eres simplemente tú mismo. Por eso, déjame animarte de nuevo a que reflexiones sobre esto y a que elijas sentirte orgulloso de quien eres, con tus virtudes y tus defectos. Recuerda las palabras de C. G. Jung:

"Ser normal es la meta ideal de los fracasados, de todos aquellos quienes aún están por debajo del nivel general de adaptación".

Recuerda: creer en ti es un acto de fe, ¡de fe en ti mismo! Debe haber concordancia entre tu vida interior y tu vida exterior, así mejorará tu autoestima y autoconfianza. La mejor manera de encontrar tu sitio a largo plazo dentro de un contexto social es ¡aceptar quién eres y sentirte orgulloso de ti mismo!

PARTE V

MEJÓRATE A TI MISMO

7. Comenzar o no comenzar

Si has puesto en práctica cuanto te he ido diciendo hasta ahora, entonces deberías saber qué quieres conseguir y hacia dónde deberías dirigir tus pasos. Ya sólo te queda decidir si comenzar o no.

7.1 ¿Debo perseguir mis sueños o no?

Debemos considerar que la posibilidad de fracasar siempre existe. Ahora bien, esto es cierto tanto si nos decantamos por perseguir nuestros sueños como si nos dedicamos a otra cosa que, *a priori*, pueda parecer más segura. La diferencia radica en que, si fracasamos tratando de alcanzar nuestros sueños, es muy probable que se nos quede un buen sabor de boca: al menos lo intentamos. Mientras que si fracasamos habiéndonos conformado con lo que en principio parecía una ocupación *segura* (o simplemente por no reunir el coraje necesario para lanzarnos a por nuestros sueños), el fracaso siempre será doble:

1. Fracasamos igualmente.
2. Fallamos en seguir los dictados de nuestro corazón y, por esto, nos fallamos a nosotros mismos.

Además, debemos valorar que del primer tipo de fracaso (fallar en conseguir lo que nos propusimos) es más fácil reponerse que del segundo (fallarnos a nosotros mismos).

Esto me recuerda a una lección de vida que nos viene de manos del famoso actor Jim Carrey. Según cuenta él mismo[23], su padre pudo ser un gran cómico, al igual que él. Sin embargo, su padre no creía que pudiese llegar a

---

[23] https://www.youtube.com/watch?v=V80-gPkpH6M

serlo. Quizá le faltaba tener en su mente ese *sí puedo* que he ido mencionando durante el libro, o tal vez el miedo al fracaso junto con la responsabilidad que sintiese por su familia le hicieron abandonar la idea. De cualquier modo, se ve que valorando el hecho de que tenía una familia a la que mantener, su padre se decantó por lo que entonces le pareció un trabajo *seguro*. Tiempo después, cuando Jim Carrey tenía doce años, su padre fue despedido. El trabajo "seguro" resultó no serlo tanto. El despido sumió a la familia en un período lleno de dificultades económicas. Esta experiencia tan dolorosa enseñó al actor una importante lección que decidió compartir con nosotros. Tras reflexionar sobre su pasado, Jim Carrey menciona con gran acierto:

"También puedes fracasar en aquello que no quieres hacer. De modo que quizá deberías intentar hacer aquello que amas".

En la vida nunca se sabe cómo van a desarrollarse las circunstancias o cuál es realmente la apuesta más segura. Sólo el tiempo termina por esclarecer todas nuestras dudas. Por esto, en mi opinión, es preferible tratar de conseguir aquello que verdaderamente queremos, incluso cuando probablemente debamos asumir más riesgos, antes que conformarnos y no intentarlo. A fin de cuentas, por más que al principio tal vez creamos que una actividad nos aportará una mayor seguridad material que la otra:

¿Acaso no es más arriesgado dedicar nuestra vida a algo que de entrada no nos satisface y que probablemente nunca nos hará del todo felices que dedicarla a algo que sale de nuestro corazón, algo que posiblemente nos hará más felices antes o después?

En muchas ocasiones, lo que a priori parece tiempo *perdido*, no es más que tiempo invertido, tiempo *ganado*. Hay que tener en cuenta cómo algunas ocupaciones requieren mayor tiempo para brindarnos sus frutos que otras.

Dedicar nuestra vida a algo que sabemos que no nos gusta, que no nos satisface y hacerlo simplemente por tener mejores expectativas salariales, no puede considerares simplemente "asumir un riesgo", tampoco es en sí mismo un fracaso, sino que, en mi opinión, es una condena de por vida. Podría decirse que pasamos una tercera parte de nuestra vida adulta (¡si no más!) en el trabajo. Si no nos gusta lo que hacemos, ¡habremos desaprovechado tanto tiempo de nuestra valiosa vida! Y lo que es peor, cuando nuestro trabajo no nos supone una fuente de satisfacción, de realización personal, nuestra insatisfacción suele ir más allá de lo meramente profesional y trascender hacia nuestra vida personal. Así, ya no estaríamos hablando de una tercera parte de nuestra vida adulta, sino de ¡prácticamente nuestra vida entera!

La vida suele tener altibajos tanto en el aspecto material como en el emocional: unas veces tendremos más dinero y otras menos; unas veces nos sentiremos mejor con nosotros mismos y otras peor. Sin embargo, si nos dedicamos a perseguir nuestros sueños, nuestra vida siempre tendrá un rumbo definido, el cual nos ayudará a seguir adelante en los momentos más difíciles, puesto que será la razón para continuar. Al contrario, si nos conformamos con cualquier desempeño, o simplemente buscamos la riqueza material, cuando encontremos momentos de dificultad, lo que antes no terminaba de satisfacernos se convertirá de repente en una gran fuente de insatisfacción. Y lo que es peor: una ocupación equivocada puede llevarnos a desarrollar una idea errónea de la vida:

"¿Es esto todo lo que ofrece la vida?"

En estos momentos es cuando suelen llegar los *¿Y si...?* Es cuando muchos se preguntan:

- *"Y si en lugar de dedicarme a esto, hubiese intentado..., ¿dónde estaría ahora?"*

- *"¿Y si hubiese seguido lo que me dictaba mi corazón?"*

- *"¿Y si en lugar de prestar atención a lo que me decían otras personas hubiese prestado atención a mi voz interior?"*

Cierto es que en momentos de dificultad muchas veces nos hacemos este tipo de preguntas; esto es así tanto si perseguimos nuestros sueños como si no lo hacemos. La diferencia radica en que, si seguimos lo que nos dicta nuestro corazón, incluso cuando las cosas no vayan bien y nuestra mente nos haga este tipo de preguntas, siempre podremos consolarnos y sentirnos bien con nosotros mismos puesto que, al menos, estaremos en harmonía con nuestra vida interior. Como mínimo, siempre podremos decir:

"Siguiendo lo que me dicta el corazón no puedo estar equivocado".

De este modo, no queda cabida para los *¿Y si...?*

Al contrario, si lo que hicimos fue conformarnos con cualquier ocupación (probablemente porque en ese momento parecía más segura o porque no tuvimos la entereza de seguir a nuestra *voz interior* o porque no tuvimos la fuerza para luchar por aquello que verdaderamente queríamos, etc.), lo más probable es que la sensación de fracaso, de amargura y de haber desaprovechado nuestra vida se haga presa de nosotros. En estos momentos muchas personas entran en las llamadas *crisis existenciales*. En estos períodos dichas personas son forzadas a cambiar, de cara a restablecer el balance entre lo que debería ser (según sus propias expectativas) y lo que es; o lo que es parecido, entre su vida interior y su vida exterior.

Suelo plantearlo de la siguiente manera:

¿De qué prefieres quejarte: de haber fracasado al intentar conseguir tus sueños o de no haberte atrevido nunca a perseguirlos?

Cuando uno fracasa, insisto, tiene la oportunidad de aprender de su fracaso y de volver a intentarlo con más conocimiento y experiencia que la vez anterior. Ten muy en cuenta que, cuanto mayor sea el logro, mayor será la magnitud y el número de fracasos. Toda persona de éxito ha fracasado al menos una vez. Por tanto, cuanto antes te enfrentes al "miedo al fracaso", antes te verás en dirección al éxito. Ahora bien, si ni siquiera lo intentas, el fracaso será seguro, ya que nada en este mundo podrá consolar la nostalgia, el anhelo de tu corazón. Y puede que, de seguir un camino más pragmático, tal vez consigamos una cómoda estabilidad. Cierto. El problema es que ésta difícilmente nos hará felices, ya que no será lo que realmente queremos para nuestra vida. No olvides que vivir con el sinsabor de no habernos atrevido a luchar por lo que realmente deseábamos es algo muy doloroso.

La vida de una persona no mantiene un equilibrio "matemático" (por decirlo así), donde cada una de las partes suman por igual, donde "dos más dos son cuatro". En la vida, basta que una parte crítica falle para que el resto del sistema se derrumbe; lo mismo ocurre, pero al contrario: basta tener éxito en una parte crítica para que el resto de nuestra vida se mantenga suficientemente en pie (por más que tengamos grandes carencias de todo tipo).

A mis clientes suelo decirles que la vida de una persona se asemeja a una mesa que cuenta con un pilar central y cuatro patas secundarias. Les digo que el pilar central equivale a la relación que mantienen consigo mismos, mientras que las otras cuatro patas representan lo siguiente: el trabajo, la pareja, las relaciones sociales (incluida la familia) y el sitio donde viven (obviamente, no todas las personas cuentan con estas cuatro patas). Las patas secundarias ayudan a mantener la mesa firmemente en pie, es decir, asisten al pilar central y se ayudan entre sí, ya que todas las áreas de la vida están *interconectadas*. Sin duda, como decíamos antes, si nuestro trabajo no nos satisface, la relación con nosotros mismos *puede* verse deteriorada. Lo mismo ocurrirá si no nos llevamos bien con nuestra familia, si no tenemos amigos, etc. Digamos que todas las patas ayudan a mantener el peso de la mesa (el peso de nuestra existencia) y, por tanto, quitan peso al pilar central, del que todo pende. Si alguna de las patas secundarias se resiente o no existe, la mesa puede debilitarse en mayor o menor medida (según seamos, según sea la relación que mantenemos con nosotros mismos, etc.), pero siempre dejo muy claro que si el pilar central es fuerte, la mesa siempre estará en pie. Al contrario, si éste es débil y se derrumba, por más que contemos con las restantes cuatro patas de soporte, éstas no serán capaces de soportar el

peso de la mesa. Por tanto, queda claro que lo más importante en la vida de una persona es la relación que mantenemos con nosotros mismos, ya que bien sea en el trabajo, con la familia o al pasear por nuestra ciudad, todo depende de cómo interpretamos nuestra existencia, de cómo son las cosas "para nosotros" y no de cómo son "en
sí mismas". Ahora bien, para ser felices no basta con tener un pilar central que mantenga la mesa en pie, sino que
lo ideal es que las restantes cuatro patas ayuden y contri-
buyan, asumiendo parte del peso. Por eso, si no te gusta
tu trabajo ni el sitio donde vives, pero tienes una buena
relación de pareja y te las arreglas para tener una mejor
relación contigo mismo (a pesar de las dificultades), seguramente tu vida será, cuanto menos, suficientemente sa-
tisfactoria (dadas las circunstancias). En tales circunstancias, es posible que piensas que, aunque de momento las
cosas no vayan del todo bien, ya te las arreglarás para que
mejoren. Sin embargo, por más que te guste tu trabajo, el
sitio donde vives y te lleves bien con tu familia, si no te
llevas bien contigo mismo, tarde o temprano, las otras
patas comenzarán a resentirse; el peso de la mesa cada vez
será mayor hasta que, probablemente, la mesa termine
por derrumbarse. ¡Habrá que restaurar el pilar central!

7.2 Dar o no el primer paso

Llegados a este punto, deberemos finalmente elegir si
dar o no el primer paso. Esto puede resultarnos más o
menos fácil dependiendo de muchos factores como, por
ejemplo, nuestras circunstancias, el riesgo percibido, nuestra personalidad, etc. De modo que, o bien empezamos a
caminar, o bien nos quedamos donde estamos. Incluso si
contásemos con todo un equipo de expertos, estos sólo
pueden ayudarnos a minimizar el posible riesgo (¡e incluso

los expertos se equivocan!). Por tanto, al final todo dependerá de ti: ¿debes comenzar o no?

En estas situaciones, siempre he preferido pensar en línea con el lema del "SAS" británico:

"Aquel que se atreve, gana"[24].

O como sabiamente dijo Virgilio, el poeta latino:

"La fortuna favorece a los audaces".

No obstante, hay proyectos que, incluso de llegar a buen puerto, pueden acarrear consecuencias negativas no sólo sobre nosotros, sino también sobre terceras personas. Y no me refiero únicamente al aspecto financiero (e.g. una inversión fallida), sino que, por ejemplo, puede que nuestra nueva ocupación no nos deje tiempo libre para disfrutar de nuestra familia, o para cuidar de nuestra salud. Por eso, deberemos prestar aún mayor atención a aquellas ideas que, *a priori*, no sólo conlleven un riesgo mayor de deteriorar nuestra vida, sino también la de las personas que amamos. Deberemos considerar si merece la pena exponer a nuestras personas amadas para, en muchas ocasiones, simplemente satisfacer las demandas de nuestro ego. De nuevo, la reflexión nos ayudará a encontrar la sabiduría necesaria para establecer prioridades: ¿La familia o mi ego?, ¿mi salud o mis logros?

Igualmente, por más que parezca paradójico, debemos prestar atención y reflexionar sobre una posible situación de éxito futuro, ya que sin estar preparados, el éxito puede ser tanto o más destructivo que el fracaso.

---

[24] Original: "He who dares wins". Secret Air Service (SAS).

Ten en cuenta que puede que la idea generalizada en la sociedad de lo que significa tener éxito no te sirva a ti y, en lugar de hacerte más feliz, podría hacerte infeliz. Algunas personas, tras alcanzar el éxito que esperaban, se dan cuenta de que no es lo que querían para sus vidas. El éxito, en lugar de llenar el vacío que sentían antes de conseguirlo, lo incrementa. Es más, de repente se topan con un gran problema ya que, siguiendo el estereotipo que dicta la sociedad, deberían sentirse felices y orgullosas de sí mismas, cuando en realidad se sienten vacías e insatisfechas.

¿Por qué no soy feliz si gano tanto dinero y tengo tanto éxito?

Sin duda, la respuesta a esta pregunta será compleja y variará según sea quien la conteste. De cualquier modo:

¿Te has parado a reflexionar en qué significa el éxito para ti?

¿Significa tener grandes ingresos, ser reconocido por ciertas personas o grupos, tener mucho tiempo libre?, ¿o significa algo distinto?

Con esto lo que pretendo es hacerte consciente de que alcanzar lo que comúnmente entendemos por éxito no siempre es tan bueno como parece (como dice el dicho, "No es oro todo lo que reluce"). Por eso, te animo nuevamente a que te tomes el tiempo que necesites para reflexionar sobre qué significa tener éxito para ti y luego, de acuerdo con tus conclusiones, para que ajustes la dirección en la que dirigirás tus pasos. Tal vez encuentres que tú personalmente no valoras o compartes lo que la sociedad en general considera que es tener éxito. Quizá, para ti tener éxito sea algo distinto. Dedicar tiempo a reflexionar sobre esto puede ahorrarte mucho sufrimiento futuro a ti y a las personas que amas.

En conclusión, ¿debemos comenzar o no? Yo trataría de decidir considerando lo siguiente:

- Las consecuencias de mis acciones, ¿van a afectarme sólo a mí o a terceras personas?

- ¿Qué es lo peor que puede ocurrirme tanto a mí como a mis seres queridos si fracaso?, ¿y si tengo éxito?

Las respuestas a estas preguntas deberían ayudarnos a decidir si *dar luz verde* a nuestro proyecto o si, en cambio, deberíamos posponerlo o incluso cancelarlo.

Ahora bien, tratemos que nuestra decisión no se vea afectada por el error de "pensar demasiado". Sin duda, te animo a valorar los pros y los contras de tus decisiones, pero sólo hasta el punto en que la claridad de tu pensamiento comience a verse afectada. A partir de ahí, debemos tomar una decisión. De lo contrario, es posible que aparezca la duda, que comencemos a tener miedo y que nos veamos incapaces de tomar una decisión y sólo hagamos dar vueltas y vueltas a la idea. El futuro es incierto, nadie lo conoce. Por más que tratemos de adivinarlo, es imposible saber lo que ocurrirá. Pensando demasiado, lo más probable es que nos asustemos y no consigamos ponernos en marcha. Si esto ocurre, nunca llegaremos a saber lo que podríamos haber conseguido, por lo cual, desde la perspectiva de este libro (alcanzar nuestros sueños), el fracaso sería seguro. Por tanto, lo único que podemos hacer es prepararnos lo máximo posible (tratando así de minimizar posibles riesgos) y esforzarnos por hacer las cosas lo mejor que podamos.

Como te decía en el cuarto capítulo, *piensa como si fueses un GPS*: deberías saber con exactitud cuál es tu punto de partida y tu destino final. Además, debes conocer tanto como puedas el camino que deberás recorrer. Sin embargo, no puedes saber si tu coche se romperá, si tendrás un pinchazo, si habrá atascos, si cerrarán carreteras, etc. Por otra parte, ten en cuenta que cuanto más tiempo requiera tu viaje, mayor espacio habrá para imprevistos, como también para la terrible incertidumbre, la cual vendrá siempre acompañada de dudas y miedos.

Por ejemplo, imagina que tu sueño es ser un aclamado cirujano del corazón. Desde el principio tienes a tu alcance saber que necesitas cierto título universitario, ciertas prácticas y cursos, mucha lectura y un número incierto de años para conseguir todo lo anterior. Es decir, puedes planear el camino. Ahora bien, saber (por ejemplo) de dónde vas a sacar el dinero para financiar tus estudios a partir del segundo año o cómo vas a tener tiempo para estudiar si también tienes que trabajar para costear tus gastos queda fuera de lo que puedes averiguar a día de hoy. De modo que, o decides tomar ciertos riesgos y aventurarte pensando que todo saldrá bien, o deberás cambiar tus planes. A menudo, las oportunidades sólo se presentan una vez, por tanto, o bien subimos al tren, o bien lo dejamos pasar. Nuestra responsabilidad reside en hacer todo cuanto esté en nuestro alcance de cara a estar preparados para coger ese tren cuando la oportunidad lo ponga en el andén de nuestra vida y luego ya veremos qué sucede.

Winston Churchill resumió esta idea en una gran frase:

"Los planes tienen poca importancia, pero planear es esencial".

No obstante, por mucho que intentemos planear minuciosamente nuestro camino, si finalmente llegásemos a nuestro destino y mirásemos atrás, veríamos que nuestros pasos siguieron una dirección que no se parece en mucho al rumbo que habíamos trazado. Con seguridad, buena parte de nuestro trayecto hacia el éxito estará lleno de dificultades que pondrán a prueba nuestro coraje, determinación y resolución. Asimismo, nos veremos obligados a cometer errores, de cara a aprender lecciones que nos servirán para crecer y seguir avanzando. Por eso, debemos dar la bienvenida a la "incertidumbre" como compañera de viaje.

Paradójicamente, lo que ahora (antes de empezar) te puede parecer algo imposible de realizar, muy probablemente serás capaz de llevarlo a cabo una vez estés en marcha, ya que no tendrás más remedio que hacerlo. La inercia de la situación te empujará hacia delante. Por ejemplo, cuando miro atrás al año en que realicé mis estudios de máster en Londres y pienso en la cantidad de semanas que pasé enteramente leyendo y estudiando, me parece que sería incapaz de volver a hacerlo. No sólo tuve que acostumbrarme a un sistema educativo distinto, sino también a una forma de trabajar diferente en una lengua que no es la mía (además, en su uso científico, cuya escritura difiere de la convencional). Lo que ocurre es que hoy no tengo ni la necesidad ni el sentimiento de responsabilidad que me dio fuerzas para disciplinarme y perseverar en ese momento: si fallaba el máster, iba a perder una buena suma de dinero y, además, iba a defraudar a las personas que habían depositado su confianza en mí. Si llego a saber lo que me esperaba antes de comenzar el máster, probablemente no lo habría cursado, pues me habría parecido que el grado de exigencia era demasiado elevado para la preparación con la que yo contaba. En cambio, mientras ya cursaba el máster, no tuve otra opción que trabajar duro y hacer todo lo posible por obtener buenos resultados, ya que abandonar no era una opción.

Tanto nuestro cuerpo como nuestra mente son capaces de realizar enormes esfuerzos si contamos con la motivación adecuada. Por eso, es más fácil que tengas éxito si te dedicas a aquello que realmente te satisface, a aquello que te dicta el corazón, ya que el nivel de esfuerzo que llegarás a realizar por conseguir tus sueños será siempre muy superior al que ejercerás por algo que no te importa. Además, la persona que eres hoy (las habilidades y conocimientos que tienes hoy) es distinta de la que llegarás a ser si persigues tus sueños. A medida que vayas recorriendo el camino y tengas que enfrentarte a los obstáculos y problemas que surjan, irás desarrollando todas las habilidades que necesites para superarlos. Todos esos obstáculos que quizá hoy te parezcan enormes se mostrarán mucho más pequeños a medida que hayas avanzado y que vayas creciendo como persona.

Me gusta compararlo a lo que ocurre cuando miramos un objeto de un gran tamaño en la distancia (una montaña, por ejemplo): parece pequeño y sólo muestra sus grandes dimensiones cuando estamos cerca. Con los problemas (o con los retos) suele ocurrir lo contrario: estos se muestran muy grandes al principio, por más que luego no lo son tanto. Cuando pensamos en dificultades u obstáculos que nos esperan en un futuro distante, estos suelen presentarse en nuestra mente como objetos formidables, insalvables. Sin embargo, una vez los tenemos frente a nosotros, una vez debemos enfrentarnos a ellos muestran sus verdaderas proporciones, a menudo requiriendo una menor atención de la que inicialmente les prestamos.

7.3 Voy a comenzar, pero ¿cómo?

Supongamos que hemos decidido ponernos manos a la obra. Entonces, lo normal es que nos preguntemos lo siguiente:

"¿Cómo lo hago?, ¿cómo empiezo?"

A tu mente le gustaría conocer todos los pormenores antes de comenzar, pero ya hemos visto que eso es imposible. De modo que debemos dar el primer paso como podamos. Con determinación y con nuestro plan como compañero de viaje abriremos la puerta a lo que vaya surgiendo durante el camino. Dejado atrás el momento de hacer planes, sólo queda comenzar a implementarlos.

¿Qué puedes hacer ahora mismo que te acerque un poco más a tu destino final?

Llegados a este punto, cada día que pases sin que hagas algo que sepas que te ayudará a conseguir tus sueños, probablemente te hará sentir mal contigo mismo, porque sabrás que estás perdiendo el tiempo. Ya no hay sitio para quejas o excusas, sólo para la acción. De modo que ¡no esperes a que llegue el momento ideal para comenzar (¡nunca llega!) y ponte manos a la obra desde ya!

Es importante que entiendas que el camino se irá desarrollando poco a poco delante de ti. Por más que te hayas esforzado en planear con exactitud la dirección a

seguir, con lo único con lo que puedes contar es con tener fe en ti mismo. Debes confiar en tu conocimiento, en
tus habilidades, en tus ganas de esforzarte y, ¡cómo no!,
en la suerte que tengas. Todo lo que te he ido mostrando
lo he hecho para minimizar el impacto que la suerte pueda tener sobre tu vida. De hecho, todo el trabajo que hayas hecho hasta ahora te ayudará a que la suerte esté de tu
lado. Aun así, ¡la suerte es muy caprichosa!

7.4 Control y miedo

*"En realidad, a mí me gustaría saber cómo alcanzar mis sueños antes de empezar. Así podría evitar muchos de esos obstáculos y
situaciones difíciles"*, puede que estés pensando.

Te equivocas. Como decía antes, es necesario enfrentarse a dichos obstáculos y situaciones difíciles (que a
menudo nos pondrán a prueba), ya que sólo así conseguiremos crecer a nivel personal y aprender lo necesario de
cara a continuar el camino con mayores posibilidades de
éxito. Más allá de haber elaborado un plan lo más minuciosamente posible y de haber establecido nuestras metas,
insistir en conocer más que lo buenamente posible suele
estar motivado por dos enemigos: uno es el *miedo* y el otro
es el *control* (el último depende del primero).

Como veíamos en el capítulo anterior, cuando no tenemos ni fe ni confianza en nosotros mismos, en general,
lo que sí tendremos es muchas dudas. Éstas suelen estar
motivadas por un miedo subyacente. En este caso, se
trata del *miedo a lo desconocido*. Como sabemos, la respuesta
de nuestro cerebro depende de nuestra percepción de la
situación. Cuanta mayor confianza tengamos en nosotros
mismos, menos desafiante se presentará el futuro y, en
consecuencia, menor será la necesidad de que nuestro

cerebro active la señal de *alarma* que nos hace sentir miedo.

Si cuando miramos al futuro tenemos un buen *feeling*, si vemos la situación con claridad, si vemos un futuro prometedor, entonces nos parecerá que el futuro se presenta libre de amenazas y que tenemos la situación bajo control. En consecuencia, no habrá nada que temer y el miedo a lo desconocido desaparecerá, o nos será fácil lidiar con él.

Pero si no vemos la situación o el futuro con claridad y, además, no confiamos en nuestra habilidad para superar obstáculos e imprevistos, pensaremos que no tenemos el control de la situación y, en consecuencia, sentiremos miedo. El miedo es una emoción que nos paraliza, contribuyendo de manera negativa a que nos atrevamos a comenzar a recorrer el camino. A su vez, en caso de ya haber comenzado, el miedo contribuirá negativamente a nuestro avance. Al igual que la confianza nos da alas, el miedo nos las corta y supone un lastre que deberemos acarrear con cada paso que demos. Tan pronto como percibas que la situación escapa de tu control, tu cerebro recurrirá al miedo con la intención de paralizarte y así evitar que lleves a cabo aquello que puede suponerte un riesgo.

¿Y cómo tratamos de combatir el miedo?

Para librarnos del miedo, lo normal es que tratemos de controlar la situación para sentirnos seguros. El problema radica en que, como hemos visto, eso es imposible. Ni puedes saber qué pasará en el futuro ni puedes controlarlo, sino que debes aceptar la *incertidumbre* como una parte constante del camino hacia conseguir tus sueños y hacia construir el futuro que quieres. Por tanto, probablemente ahora no sólo sientas miedo porque la situación escapa de tu control, sino que también, ¡porque ves que no puedes hacer nada para impedirlo! La mayoría de las personas nos sentimos muy incómodas sintiendo que no estamos en control (incluso cuando en la mayoría de los casos, la sensación de control no sea más que una ilusión).

Sean cuales sean tus sueños, tan pronto como mires hacia el futuro te darás cuenta de que es imposible verlo con claridad, tanto menos controlarlo. Por eso, si dado el caso, si mirar hacia el futuro te intimida, te incomoda y te desestabiliza (es decir, provoca en ti la respuesta de miedo), es probable que para volver a sentirte a gusto y en control decidas apartar tus sueños de tu mente y de tu camino.

Cuando tratamos de controlar algo que es incontrolable, inevitablemente fallamos en el intento. Entonces sentimos aún más miedo. En consecuencia, para librarnos del miedo y de la sensación de malestar, lo que haremos es evitar aquello que lo provoca. En nuestro caso, el miedo viene provocado por plantearnos conseguir nuestros sueños. De modo que, si renunciamos a la idea de perseguirlos, nuestra vida quedará como está. De repente, volveremos a *creer* que tenemos el control de la situación y ¡ya no habrá que tener miedo a lo desconocido! Así, nuestro futuro se mostrará predecible, pues nos resultará fácil *creer* que *el mañana* se mostrará similar a nuestro *hoy*, por más que esto sólo sea una *ilusión*.

Por eso, a menudo se dice que el mayor obstáculo para conseguir algo en la vida somos nosotros mismos.

¡Es siempre más fácil renunciar que luchar por algo!

7.5 Líbrate del miedo y crea tu futuro

Creer que sabemos cómo va a desarrollarse el futuro y que tenemos la situación bajo control nos da seguridad y nos motiva, lo cual puede sernos de gran ayuda de cara a comenzar. Al contrario, pensar que no sabemos qué va a ocurrir y que la situación se escapa totalmente de nuestro control nos da inseguridad y miedo, lo cual puede hacernos perder la iniciativa. Sea como sea, lo cierto es que tanto la sensación de seguridad como la de inseguridad son sólo eso: *sensaciones*. Nadie sabe lo que ocurrirá en el futuro. No obstante, lo que sí es real es el impacto que nuestra percepción del futuro tiene sobre nuestra vida y conducta presentes. Por tanto, deberás adaptar tu actitud mental dependiendo de cómo te afecte pensar en el futuro (según te anime o te asuste). Si pensar a largo plazo te motiva, hazlo. Si, en cambio, el futuro te asusta, pero quieres conseguir tus sueños, mejor céntrate en los pasos más inmediatos que tengas que dar. Asegúrate de que tu mente no proyecta sus pensamientos más allá de lo necesario y no tendrás que lidiar con la sensación de malestar que conllevará el hacerlo.

¡Sé director y no víctima de tu mente!

Con determinación, trabajo y perseverancia te las arreglarás para llegar adonde te hayas propuesto. Donde haya dudas, siembra fe y determinación. Así, tu cerebro comenzará a trabajar en la dirección que le hayas marcado y, antes o después, te proporcionará soluciones para los problemas que vayan surgiendo. El camino se irá definiendo poco a poco delante de ti. Al cambiar tu forma de pensar, tus circunstancias comenzarán a cambiar también. Si piensas *"puedo conseguirlo"*, esto será lo que transmitas a los demás. Las personas con las que te encuentres notarán tu nueva energía y resolución; notarán que hay un cambio en ti y comenzarán a comportarse contigo de manera distinta. Las oportunidades comenzarán a surgir y tú no las dejarás pasar porque estarás preparado y pendiente de ellas. Puede que alguna persona se acerque a ti y te proponga su ayuda porque tú hablarás de tus sueños (ya que los tendrás bien presentes en tu día a día) o, tal vez, alguien te comentará aquello que necesitabas oír (porque estarás pendiente de determinada información que antes habrías ignorado). Es decir, muy probablemente tu vida comenzará a *fluir*.

Si pones en práctica los pasos que he descrito, no tardarás mucho en comprobar cómo, gradualmente, tu vida comienza a cambiar. Si no me crees, plantéate hacer lo que te digo por un período breve de tiempo (al menos un mes).

¿Y si algo sucede?, ¿y si tu vida comienza a cambiar?

Recuerda: al principio es imposible definir con exactitud todos los pasos del camino más allá de planear unos pasos iniciales y tener una visión global lo más detallada posible hasta nuestro objetivo. Asegúrate de no permitir que tu cerebro y su necesidad de control te impidan perseguir tus sueños. ¡No trates de controlar lo incontrolable! Márcate un rumbo y dirígete hacia allí con confianza, determinación y entusiasmo. Y no olvides que, en la vida, para conseguir lo que queremos deberemos enfrentarnos a obstáculos, problemas y fracasos. Cuanto mayor sea el logro, ¡mayor será la exigencia! Por tanto, prepárate para dar la bienvenida al fracaso (considéralo un gran maestro) y muestra una actitud humilde a la hora de *reconocer* y aprender de tus errores. ¡Sólo los realmente fracasados culpan a los demás de sus fracasos!

¡Ten fe en ti mismo y confía en tu capacidad para superar cuanto sea necesario! Con determinación y esfuerzo ¡todo es posible!

8. Perseverando

Aunque hay personas que tienen muchísima suerte y ven el fruto de su trabajo relativamente pronto, muchas otras deben esperar cierto tiempo antes de comenzar a ver resultados positivos. Siendo realistas, para algunos el tiempo de espera es demasiado largo, de modo que no les queda más remedio que abandonar y posponer su intento para más adelante (o compaginarlo con otra ocupación, si fuese posible).

Puede que tu sueño sea llegar a tener un estilo de vida determinado, conseguir ciertas posesiones materiales o tener mucho éxito a nivel profesional. Sea lo que sea, muy probablemente te costará mucho esfuerzo y determinación conseguirlo. Sin lugar a dudas, la vida te pondrá a prueba una y otra vez y, cuando creas que has dejado los problemas atrás, que todo comienza a ir bien, es posible que te llegue un nuevo embate de la adversidad. En definitiva, el camino estará lleno de oportunidades para mostrar de qué estamos hechos y dejar claro que no abandonaremos hasta el final.

Nuestra percepción del trayecto irá cambiando según sea el éxito que vayamos obteniendo. Si las cosas van saliendo bien, nos sentiremos más confiados, luego más optimistas de cara al futuro y viceversa. De modo que, si esperas que las cosas salgan bien desde el principio para así continuar avanzando con confianza, lo más probable es que no llegues muy lejos. De hecho, es muy probable que el comienzo sea arduo, lo cual puede hacerte desarrollar una percepción negativa de la situación. Por eso, insisto:

¡No busques la confianza fuera, sino dentro de ti! ¡Ten fe en ti y en tu capacidad para superar la adversidad!

Es por esto que la determinación y el deseo de conseguir tus sueños deben estar bien arraigados en el centro de tu ser. Sólo así encontrarás la motivación y la fuerza para seguir adelante cuando debas enfrentarte a situaciones que exijan lo mejor de ti mismo.

También podrá ocurrir que, sabiendo que no será un camino fácil (¡a veces puede que incluso poco gratificante!), es posible que en más de una ocasión nos veamos tentados a abandonar. Sin embargo, si nuestro sueño emana de nuestro corazón, abandonar jamás será una opción, sino que ¡lucharemos hasta conseguirlo! Tu autocharla debe decir:

- *"¡Jamás abandonaré!; he de perseverar. Voy a ser más duro que mis circunstancias. ¡Jamás me rendiré!, ¡qué se rindan mis circunstancias!"*

- *"La mayoría de las personas abandonarían ahora, cuando todo indica que no lo conseguiré. Yo no. Sé que cuantas más ganas se tienen de abandonar, más cerca se encuentra el éxito. La vida me está poniendo a prueba, quiere saber hasta qué punto quiero alcanzar mi sueño. ¡No abandonaré hasta conseguirlo!"*

- *"Si llego a conocer el fracaso, ¡aprenderé de él! Aun encontrándome profundamente devastado, una vez más, encontraré en mi corazón el coraje necesario para levantarme firmemente y dirigirme con convicción hacia delante".*

Debemos estar mentalizados para no rendirnos nunca y dar lo mejor de nosotros mismos cuando la adversidad llame a nuestra puerta. Debemos evitar por todos los medios cualquier pensamiento victimista/derrotista (e.g. *"¿Por qué me tiene que pasar esto a mí?"*) y siempre tratar de *sentir* que somos nosotros quienes creamos nuestro destino. Con determinación, esfuerzo y perseverancia, ¡podremos conseguir lo que nos hayamos propuesto! Como afirmó Calvin Coolidge:

"Nada en este mundo puede sustituir a la persistencia. El talento no puede: nada es más común que los fracasados con talento. El genio no puede: los genios no reconocidos son moneda común. La educación no puede: el mundo está lleno de perdedores que recibieron la mejor educación. La persistencia y la determinación por sí solos son omnipotentes".

8.1 Disciplina y perseverancia[25]

Sobre la disciplina, Margaret Thatcher dijo:

"Disciplinarse para hacer lo que es adecuado e importante, aunque difícil, es la vía directa hacia el amor propio, la autoestima y la satisfacción personal".

Una buena parte de tu nivel de disciplina y perseverancia la conseguirás teniendo la motivación adecuada. Con esto, hasta las personas menos disciplinadas se ponen manos a la obra. Sin embargo, la motivación no es algo constante, sino que fluctúa, lo cual es un problema, ya que conseguir nuestros sueños (o cualquier otro logro mayor) requerirá un esfuerzo constante y extendido en el tiempo y, por tanto, que trabajes tanto cuando estés motivado como cuando no. De modo que, para continuar el

---

[25] Si, al igual que mi mujer, no careces de disciplina o perseverancia, puedes saltarte esta sección y continuar en 8.3 (pág. 256).

camino hasta el final, necesitarás desarrollar disciplina y perseverancia. Si no, en momentos en los que las circunstancias se tornen demasiado difíciles (o simplemente en momentos de debilidad personal), te será muy complicado continuar. Es entonces cuando estas grandes virtudes te sacarán del apuro. Por eso, es vital desarrollar tanto la disciplina como la perseverancia y tener ambas cualidades siempre presentes.

Imagina una persona que lleva años trabajando sin tener éxito (quizá alguien como tú). Es probable que antes o después, hasta la persona más motivada pierda su motivación y se plantee abandonar. Es en este momento cuando uno ha de recordar la cualidad de perseverar y decirse, como John Quincy Adams:

"El coraje y la perseverancia tienen un mágico talismán ante el cual las dificultades desaparecen y los obstáculos se esfuman en el aire".

Comenzar a desesperarse debe tomarse como una señal positiva, como un indicador de que nuestro éxito debe encontrarse cerca. De nuevo, deberemos ser pacientes y perseverar. Recuerda la afirmación de Woodrow Wilson:

"El hombre que está nadando contra la corriente conoce lo fuerte que es".

Nunca se sabe cuándo el éxito llamará a tu puerta. Si no perseveras y en su lugar abandonas, nunca lo sabrás. Sin embargo, si lo buscas continuamente, al final lo encontrarás: el éxito será tuyo.

No obstante, ten en cuenta que, probablemente, los mayores obstáculos del camino los encontrarás dentro de ti mismo. Tanto la falta de disciplina como de perseverancia son moneda común. Tales carencias son enemigas constantes a las que nunca se llega a vencer por completo, sino que vuelven a reaparecer una y otra vez. Por eso, deberemos ejercitar ambas cualidades incesantemente y nunca bajar la guardia si queremos que nos acompañen constantemente durante el camino pues, como dice el refrán: "Más vale prevenir que curar".

Uno de los aforismos que más me impactó en la edad adulta, por más que sea muy simple, dice:

"Lo que distingue a las personas que tienen éxito de aquellas que no es *en qué emplean su tiempo*".

Como hemos visto a lo largo del libro, si empleas tu tiempo en realizar tareas o actividades relacionadas con tus objetivos, antes o después los conseguirás. En cambio, si te dedicas a perder el tiempo o lo empleas en actividades que no son relevantes para tu futuro, es del todo probable que al final no consigas nada o, al menos, que no consigas lo que realmente querías. Aunque la elección es tuya, a veces no es tan sencillo: existe la voluntad, pero no la disciplina. Uno quiere, pero no puede. Uno hace lo que debe, pero en el momento equivocado (con lo cual tampoco se consiguen los resultados esperados). Es por esto que, para tener éxito en la vida, es crucial desarrollar disciplina. Sin ella es probable que nunca consigamos nuestros sueños. La disciplina ayuda a *hacer lo que uno debe, cuando debe*. La disciplina se impone a esos pensamientos que tanto gustan a nuestra mente:

- *"No tengo ganas"*.

- *"Ya lo haré mañana"*.

- *"Ahora no, luego".*

Seamos más serios: no se trata de *tener ganas*, sino de hacer lo que debemos (aquello que nos acercará a nuestro objetivo) cuando debemos (en el momento adecuado). Ten en cuenta que, a menudo, aquello que *debemos* y aquello que *queremos* hacer son lo mismo. Lo que ocurre es que nos topamos con nuestra falta de disciplina y así, simplemente no podemos evitar procrastinar.

Siendo disciplinados (y organizados) hay tiempo para todo, porque cuando es hora de trabajar, uno comienza sin pensárselo dos veces, es decir, que *uno pone trabajo a las horas, en lugar de horas al trabajo*. Para alcanzar tus sueños deberás emplear tu tiempo de forma inteligente.

Pero si, cuando es momento de trabajar, la falta de disciplina irrumpe y nos hace perder el tiempo, al final ni trabajamos ni nos entretenemos, sino que perdemos el tiempo de una manera absurda e irracional, pues ni hacemos lo que debemos ni lo que nos apetece. El choque entre lo racional y lo emocional, entre lo que debemos hacer y lo que nos apetece se traduce en una incapacidad para decidir qué hacer, lo que suele inmovilizarnos. Me refiero a ese estado de bloqueo en el cual simplemente no hacemos nada, salvo perder el tiempo. Por eso, te recuerdo que debes alinear lo que quieres a nivel racional con lo que quieres a nivel emocional. Ambas caras de la misma moneda deben rodar en la misma dirección.

a) Ejemplo personal

Siempre he tenido una marcada tendencia a *dejar para mañana* (procrastinar) lo que debía hacer. Como consecuencia, había muchas cosas que, aunque quería, no las hacía, o las realizaba a destiempo. Cuando se trataba de algo que tenía que hacer *sí o sí*, lo dejaba hasta el último momento, hasta que entraba en el *modo pánico* (i.e. *"¡No me va a dar tiempo a hacerlo!"*). Con los años me fui dando cuenta del problema que tenía y de cómo estaba afectando negativamente a mi rendimiento y a mi futuro. Por tanto, una vez fui consciente de esto, decidí tomar cartas en el asunto y, dejando a un lado las excusas, traté de mejorar ese aspecto de mi personalidad: decidí desarrollar disciplina.

Comencé tratando de motivarme, diciéndome cuánto mejor habría hecho las mismas tareas que hice en el pasado de haberlas hecho disfrutando de *calma mental* y, tal vez (siempre y cuando hubiese sido posible), habiéndoles dedicado más tiempo en lugar de como las llevé a cabo, sumido en un estado de estrés total.

Pensé cómo en la mayoría de las cosas que hacemos es de gran ayuda volver unos días después a revisar lo que dejamos supuestamente terminado. Cuando dejamos una tarea a un lado durante unos días, al volver a revisarla, lo hacemos contando con una mirada nueva, como si fuese la primera vez que la afrontamos. Al contrario, si llevamos varios días trabajando en lo mismo (especialmente si lo hacemos bajo los efectos del estrés) es imposible que nos demos cuenta de ciertos errores o aspectos a mejorar porque (aparte de que no hay tiempo para ello) simplemente nos son familiares y no llaman nuestra atención en ese momento. Tras uno o dos días dedicándonos a otra cosa, encontrar esos mismos errores nos resultaría facilísimo.

Una vez me sentía motivado y determinado a trabajar en mis debilidades de carácter, me puse a visualizar una noche tras otra cómo quería comportarme al día siguiente. Comencé a verme a mí mismo trabajando con determinación y entusiasmo en lo que quería hacer cuando debía. Me imaginaba dejando a un lado las distracciones y superando los posibles obstáculos que me fuesen llegando, tanto a nivel mental como emocional. En caso de escuchar en mi mente frases del tipo: *"Ahora no tengo ganas"*, las sustituía inmediatamente por otras frases como: *"¡No es cuestión de ganas!, ¡se trata de ser disciplinado y de hacer lo que debes cuando debes!"*. Si mi autocharla decía, *"Déjalo para después"*, entonces me decía, *"Ya sabes que más tarde volverás a decirte lo mismo, '¡déjalo para después!' Difícilmente llegará el momento ideal para hacerlo, así que, ¡hazlo ahora!"*. También, creé escenarios donde me veía sin motivación o me sentía desganado. Entonces, visualizaba cómo conseguía motivarme y ponerme a trabajar con ánimo y determinación. Me decía, *"No puedes permitir que tu estado emocional te impida conseguir tus sueños. ¡Recuerda que puedes cambiar cómo te sientes!"* Entonces, me veía volviendo a trabajar motivado y con ganas. Otras veces imaginaba que nada de esto serviría, pero que entonces sentiría un estado de seriedad y responsabilidad hacia mis propias metas, hacia mi comportamiento y, en definitiva, ¡hacia mi persona!, que me haría superar mi desgana y comenzar a trabajar. Finalmente, me veía satisfecho por haber conseguido disciplinarme y por haberme acercado un poquito más a mis objetivos. Literalmente, le daba gracias a mi cerebro por haberme ayudado a *ser mejor persona*.

Los resultados no tardaron en llegar. En poco tiempo conseguí desarrollar la disciplina y perseverancia que siempre me había faltado, lo cual me ayudó a ser más productivo que nunca. Dejar atrás mi tendencia a distraerme, a perder el tiempo y a procrastinar me hizo sentir muy bien conmigo mismo, lo cual aumentó mi autoestima y reforzó mis niveles de disciplina. Además, simplemente por ponerme a trabajar consistentemente, el fruto de mi trabajo no se hizo esperar demasiado, lo cual también contribuyó al desarrollo positivo de mi autoestima y a reforzar aún más mi nueva actitud: *"¡Ser disciplinado sienta estupendamente!"*. Al cabo de un tiempo, mi cerebro estableció una nueva asociación: hacer lo que uno debe cuando debe *sienta* muy bien (observa como ahora hablamos de emociones, de cómo nos *sienta* hacer algo y no de pensamientos). La resistencia que experimentaba al principio y que me hacía procrastinar fue desvaneciéndose, dando paso a un entusiasmo y unas ganas de trabajar que hasta entonces me eran desconocidos.

8.2 Recaídas y días poco productivos

Debemos distinguir entre días aislados en los que no consigamos hacer lo que debemos y una recaída. Al principio no tendremos continuidad. Esto es normal cuando tratamos de cambiar de hábito. Si después de conseguir disciplinarte con éxito durante cierto tiempo llegan uno o varios días en que te cuesta hacerlo o no hay forma de que lo consigas, lo mejor es que te lo tomes con calma y trates de despejarte. Si tratas de luchar contra tu estado emocional, obligándote a hacer aquello que no tienes ganas, lo más probable es que no salgas victorioso. Si te es posible, es mejor disfrutar ese día (o sobrellevarlo como puedas) y volver con más fuerza al día siguiente. A veces todos necesitamos unos días extra de descanso. Poco a poco iremos mejorando. En general, se trata de que la conducta que queremos desarrollar (en este caso la disciplina) vaya siendo cada vez más frecuente, de modo que se imponga a la conducta que queremos destituir (en este ejemplo, procrastinar) y consiga ser estable y formar parte de nuestro hábito diario.

Ahora bien, si en lugar de un par de días, estamos hablando de una semana o más, entonces estamos hablando de una recaída. Las recaídas también son normales al principio, de modo que debemos estar preparados porque, con seguridad, van a ocurrir, ya que forman parte del proceso de cambio. Podemos haber estado disciplinándonos durante semanas y, de repente, llega una semana en la que no encontramos la manera de ponernos a trabajar. Esto también es normal. No obstante, en lugar de perder el tiempo quejándonos o lamentándonos por nuestra falta de disciplina o nuestra poca voluntad, diciéndonos cosas como:

- *"Lo he intentado por un mes y nada, sigo igual. Las personas no cambian".*

- *"El problema soy yo. Soy un vago sin remedio. Al final, uno es como es".*

- *"Todo este esfuerzo para nada".*

Lo que debemos hacer es tomarnos las cosas con paciencia y tratar de volver a nuestra rutina de trabajo lo antes posible. De hecho, ¡cuanto antes mejor!, ya que cuantos más días pasen en los que no hacemos lo que debemos, más *terreno que habíamos ganado* estaremos perdiendo. Igualmente, deberemos procurar que, cada vez, las recaídas duren menos tiempo. En lugar de una semana deben durar cinco días, cuatro días, tres… Así, hasta erradicarlas. Recuerdo que, en la universidad, a esto lo llamábamos "proceso zigzag". Digamos que, al intentar cambiar, las personas avanzamos un poco en la dirección adecuada y luego retrocedemos otro poco para ganar algo de inercia y lanzarnos de nuevo hacia delante. Así, hasta conseguir que el cambio sea estable.

Si dado el caso la falta de disciplina termina por interponerse entre nosotros y nuestros sueños, lo primero que debemos hacer es no desmotivarnos. Como hemos visto, en las recaídas es normal que las personas comiencen a culparse, consiguiendo así desmotivarse o incluso deprimirse:

- *"Con lo bien que lo estaba haciendo y de repente: ¡Tres días sin hacer nada! No tengo arreglo..."*

- *"El problema soy yo, es que soy así, jamás cambiaré... ¿Así cómo voy a conseguir nada?"*

- *"Sólo soy capaz de trabajar en serio una semana... Soy un vago, un inconstante... Con la cantidad de personas que hay trabajando duro día a día... ¡me será imposible llegar lejos!".*

Por otro lado, si vemos que no somos capaces de disciplinarnos de ninguna manera, es posible que simplemente necesitemos un descanso, pues tal vez estemos agotados (o que lo que nos traemos entre manos no nos motive). Pensaremos que, al igual que el Ave Fénix necesitaba tiempo para recuperar energías antes de volver más fuerte que nunca, así nosotros también necesitamos de vez en cuando tiempo para relajarnos y recuperarnos antes de volver a dar lo mejor de nosotros mismos de nuevo. Entonces, si nuestras circunstancias nos lo permiten, lo mejor es concedernos unos días para relajarnos, desconectar y disfrutar de cosas que nos apetezca hacer, a la vez que fijamos un día en el que volveremos a ponernos a trabajar seriamente.

Si esto no funciona, si seguimos sin encontrar la motivación o la seriedad que requiere el hecho de que estamos jugando con nuestro futuro, si vemos que no avanzamos, entonces, sin perder más tiempo, deberemos comenzar por el principio y reevaluar nuestra situación:

- ¿Estoy haciendo las cosas bien?

- ¿He desarrollado la motivación y determinación adecuadas?, ¿sé cómo hacerlo?

- ¿Qué quiero conseguir?, ¿lo sé exactamente?

- ¿Qué necesito ir consiguiendo para llegar a alcanzar mis objetivos? Es decir, ¿cuáles son mis metas a corto/medio/largo plazo?

- ¿Soy consciente del gran impacto que tendrá en mi futuro lo que haga hoy?

- ¿Qué puedo hacer cada día para conseguir acercarme al futuro que me gustaría conseguir?, ¿dedico más tiempo a esta tarea que a otras?

- Si la falta de disciplina no me permite avanzar, ¿he preparado una visualización adecuada para corregirla?

- ¿Debo leer o reflexionar de nuevo sobre algún capítulo de este libro?

Finalmente, debemos tener en cuenta que cada persona tiene una forma distinta de hacer las cosas. Por eso, las sugerencias que a la mayoría pueden resultarle de beneficio, a ti pueden no serte útiles. A algunas personas les resulta fácil ser constantes y disciplinadas, mientras que otras prefieren trabajar en *ráfagas* muy intensas y productivas (pero inconstantes). Ahora bien, cuando digo "ráfagas", no me estoy refiriendo a "dejarse la piel" trabajando porque hemos ido dejando lo que debíamos hacer para el final, de modo que se nos ha echado el tiempo encima. Eso sería procrastinar y trabajar en "modo pánico". Lo que digo es que hay personas cuya forma de trabajar les lleva a desarrollar ciclos muy productivos de trabajo, seguidos por un período de calma, donde no producen nada o casi nada. La situación se parece a la descrita en la fábula "La tortuga y la liebre" (este tipo de personas se verían identificadas con la liebre). Sin duda, la sociedad favorece y promociona una actitud que se asemeje a la que la tortuga muestra en la fábula (e.g. las usuales "horas de oficina" o 9am-5pm). Por tanto, si tú particularmente te identificas más con la liebre, te será de gran ayuda trabajar para una empresa u organización que posea horas de trabajo flexibles, o tener tu propio negocio. Es importante que conozcas cuál es tu forma de trabajar ideal, para que así puedas maximizar tu potencial. He conocido personas que lo pasaron muy mal tratando de desarrollar disciplina y perseverancia. Lo único que consiguieron fue sentirse culpables y hasta fracasados. Tiempo después, con distintas condiciones/tipo de trabajo (mayor flexibilidad), encontraron "su sitio". Claro está, a veces fracasamos en nuestro intento de cambiar porque lo intentamos de una manera que no nos va bien, que no encaja con nosotros o que simplemente no funciona. Pero, otras veces, es cuestión de "tendencia personal". Es decir, que si a alguien que se asemeja a la liebre se le pone a hacer un trabajo que le viene mejor a la tortuga, sin duda lo pasará mal (y viceversa). Sea cual sea tu tendencia personal, no olvides que siempre hay un gran margen de mejora, de modo que debes intentar adquirir, desarrollar o mejorar aquellas virtudes que te harán llegar más lejos, a la vez que tratas de reducir las debilidades de carácter que tengas. Si te identificas con la liebre y, además, intentas asimilar la actitud de la tortuga... ¡tenemos a un ganador!

No obstante, espero que esto quede muy claro: espero que ningún lector utilice lo que acabo de decir para excusarse y así no tener que esforzarse (y responsabilizarse) por cambiar. En la mayoría de los casos, las personas no nos encontramos ni en un extremo ni en el otro del continuo, ni somos liebres ni tortugas, sino que nuestra actitud personal tiende más hacia un lado u otro, o tenemos unas habilidades más desarrolladas que otras. Por lo que ¡te animo a adquirir o mejorar aquellas virtudes que te harán una persona más competitiva y equilibrada!

Recuerda: no se trata de obligarte, sino de educarte, de que tu cerebro aprenda una nueva habilidad que forme parte de un hábito más productivo, ¡uno que te ayude a conseguir lo que te propongas!

8.3 Otras ayudas

Hay distintas prácticas que podemos llevar a cabo tanto para motivarnos como para desarrollar determinación, seriedad y responsabilidad. Se trata de que consigas modificar tu actitud y tu estado emocional yendo de, por ejemplo, la apatía, el cansancio o la desgana a un estado de ánimo positivo en el que te encuentres motivado y determinado a trabajar para conseguir tus sueños.

Como sabemos, la motivación juega un papel crucial de cara a ponernos manos a la obra, así como para disciplinarnos. Por eso es tan importante mantenerla elevada. Si tenemos la motivación adecuada, contaremos con una buena predisposición de cara a ponernos a trabajar. No obstante, como dijimos, no nos sirve de mucho estar motivados varios días o semanas si después nuestra motivación decae y no hacemos nada para recuperarla. No podemos permitir que la motivación vaya y venga según se tercie la ocasión, sino que es crucial que seamos nosotros quienes nos aseguremos de mantener la llama encendida. Por eso, además de motivación, también debemos desarrollar determinación, seriedad y responsabilidad. No basta con estar motivados, sino que debemos estar determinados a conseguir lo que nos hayamos propuesto, tomarnos muy en serio nuestra decisión y asumir la responsabilidad de lo que hacemos (o no hacemos) cada día. Debes trabajar en tu actitud mental y emocional a diario, de modo que no permitas que nada te desconcentre y te desvíe del camino que te hayas marcado.

a) Chequeo constante

Ya sabes que el hecho de que tengas éxito o no dependerá en gran medida de lo que hagas con tu tiempo *cada día*. Dependiendo de las semillas que plantemos y de si las cuidamos o no, así será el fruto que recojamos.

Por ejemplo, si tuviésemos un huerto y quisiésemos recoger limones, lo primero que haríamos sería plantar un limonero. En caso de que nos sobrase tiempo, podríamos plantar otras semillas, como tomates y fresas, pero debe quedarnos muy claro que nuestra prioridad es el limonero. Ahora bien, si a diario prestamos mayor atención a nuestros tomates y fresas, el limonero quedará desatendido y, por tanto, ni crecerá como es debido ni nos dará los frutos que esperábamos. Entonces, ¿qué hacemos?, ¿le echamos la culpa al limonero?, ¿culpamos a nuestro terreno? A veces las cosas no salen como esperábamos, cierto. Pero no es menos cierto que, con constancia, esfuerzo y siendo honestos con nosotros mismos, las circunstancias terminan por ponerse de nuestra parte y las semillas que plantamos comienzan a darnos los frutos que esperábamos. Recuerda que para llegar a este punto hay que dejar de culpar a los demás y a las circunstancias, y centrar la atención en uno mismo para tratar de mejorarse. Debemos desarrollar el hábito de preguntarnos constantemente:

- *"¿Estoy haciendo uso de mi tiempo de la mejor manera posible?"*

- *"Lo que estoy haciendo ahora ¿va a ayudarme a conseguir lo que quiero?"*

- *"¿Estoy sembrando las semillas del futuro que quiero construir?"*

Si no estamos haciendo lo que debemos, tenemos que parar y tratar de tomar consciencia del momento, de la situación. Deberemos recordarnos qué queremos conseguir y qué debemos hacer *ahora* para conseguirlo.

b) Técnicas/consejos que pueden ayudarte

A continuación, te mostraré una serie de prácticas que espero te sean de gran ayuda de cara a recorrer tu camino hacia el éxito. Podrías hacer un resumen donde incluyas aquellas sugerencias que pienses que más pueden servirte y después ponerlo en uno o varios sitios donde puedas verlo sin esfuerzo (e.g. en tu habitación, al lado de tu escritorio; en la puerta de la nevera, etc.). Obviamente, estas sugerencias serán más válidas para unos que para otros. Aun así, espero que algunas te resulten útiles.

1. *Usar el cronómetro:* esto es útil para saber cuánto tiempo *real* dedicamos a lo que debemos (hay que detenerlo si alguien nos llama, si hacemos una pausa, etc.). También podemos utilizarlo para organizar nuestro tiempo e incluir una pausa cada cierto tiempo (e.g. cada dos horas). (Mientras escribía este libro, solía ponerme una alarma y realizar una pausa cada dos horas para estirar un poco, relajar la vista y despejarme).

2. *Decidir trabajar cinco minutos:* si un día en concreto nos cuesta ponernos a trabajar, podemos decidir hacerlo por sólo cinco minutos. Normalmente, lo más difícil es comenzar. Por eso, a veces ayuda pensar que sólo vamos a hacer aquello que no nos apetece durante un tiempo muy breve. Después, una vez empezamos y superamos los momentos iniciales de resistencia, lo normal es que sigamos trabajando.

3. *Dividir la tarea:* cuando nos enfrentamos a un gran proyecto, o a uno que no sabemos cómo abordar (o que nos supone un desafío), a muchos nos ocurre que vemos una enorme montaña en el horizonte que nos intimida, la cual tenemos que ascender. Claro está, esto ayuda a que aparezca en nuestra mente un *"No puedo hacerlo"*, a la vez que nos desanima y nos incita a abandonar. La próxima vez que te enfrentes a un gran reto, divídelo en pequeños trozos, de manera que sientas que, abordando uno a uno, puedes llegar a hacerlo. Como C.W. Abrams Jr. dijo: "Si vas a comerte

un elefante, hazlo bocado a bocado". También, ayuda decidir hacer sólo una parte muy pequeña de lo que debamos hacer, de modo que pensemos que podemos hacerlo fácilmente y nos pongamos manos a la obra. Se trata de vencer la resistencia que a veces sentimos antes de ponernos a trabajar.

4. *Evitar terminar de trabajar con "mal sabor de boca"*: es importante que nuestro cerebro no asocie "trabajo" con "disgusto", sino que lo asocie con "satisfacción personal". Para ello, es importante que cuando terminemos de trabajar nos sintamos a gusto con lo que hemos hecho. Si dejamos de trabajar sintiéndonos mal repetidas veces, lo más probable es que al día siguiente, cuando sea hora de comenzar de nuevo, no tengamos ganas de hacerlo. ¿Por qué? Porque nuestra mente asociará trabajo con insatisfacción, disgusto, etc. Esto tiene implicaciones a largo plazo puesto que, si nos disgusta lo que hacemos, lo abandonaremos tan pronto como nos resulte posible. Con lo cual, podríamos llegar a abandonar nuestro intento de perseguir nuestros sueños simplemente por esto. Ten en cuenta que, a menudo, el problema no es el trabajo o la tarea en sí, sino el hecho de que hacemos más de lo que deberíamos, de modo que acabamos completamente agotados. Por ejemplo, a veces, simplemente porque hemos cogido buen ritmo o porque nos sentimos muy motivados, nos esforzamos más de lo que nuestro cuerpo (y nuestra mente) pueden digerir. Como resultado, al día siguiente no solemos tener ganas de continuar con la tarea en cuestión, lo cual es contraproducente. Por tanto, siempre y cuando las circunstancias te lo permitan, trata de averiguar cuál es el punto óptimo entre sacar trabajo adelante y no

trabajar en exceso, y asegúrate de encontrar ese sabio término medio, donde saques trabajo adelante pero termines de trabajar sintiéndote satisfecho y con ganas de continuar al día siguiente. Por supuesto, esto no sólo se aplica al trabajo, sino también a otras tareas o actividades como limpiar la casa o ir al gimnasio. ¿Quién no se ha "machacado" un día en el gimnasio para luego no volver a ir hasta pasada toda una semana?

5. *Darnos feedback positivo:* al terminar de trabajar, debemos ser conscientes de haber empleado nuestro tiempo en aquello que debemos, en lo que nos hará conseguir lo que queremos y sentirnos orgullosos de nosotros mismos, pues bien podríamos haber perdido el tiempo o haberlo dedicado a cualquier otra cosa o tarea banal. Como vimos anteriormente, debemos hacer uso de la autocharla para premiarnos por lo que hayamos hecho, por pequeño que nos parezca (e.g. *"Con las pocas ganas que tenía de ponerme a trabajar, al final he conseguido ser muy productivo. Estoy orgulloso de mí mismo"*).

6. *Meditar:* muchas veces nos cuesta concentrarnos y, en consecuencia, ponernos a trabajar, porque nuestra mente o nuestro cuerpo están sobreactivados. ¿Por qué por la mañana recién levantados suele costar menos concentrarse? Porque la mente está en calma y, en general, nuestro cuerpo también. Si queremos aclarar la mente y relajarnos, ¿qué mejor que realizar varios minutos de meditación? Estos minutos no serán perdidos, sino ganados, ya que nos ayudarán a trabajar mejor. En general, la meditación ayuda a clarificar la mente, a calmarla, además de a relajarnos y hacernos sentir mejor con nosotros mismos.

7. *Hacer un collage:* podemos crear una imagen tipo *collage* con distintas imágenes de las diferentes cosas que queremos conseguir y ponerla como *fondo de escritorio* de nuestro ordenador. Así, cada vez que encendamos el ordenador o que veamos el *escritorio,* sin darnos cuenta, estaremos estimulando nuestro cerebro de forma pasiva. Si lo preferimos, podemos hacer uso de un *mapa mental* que no sólo muestre aquello que queremos conseguir, sino también, la dirección que tomaremos para alcanzarlo. Podemos imprimir en papel la misma imagen (o *mapa mental*) que creemos para el escritorio de nuestro ordenador y utilizarla cada mañana/noche (o en ambos momentos) para estimular nuestra visualización del futuro que queremos conseguir.

8. *Usar un tablero de corcho:* podemos utilizar un tablero de corcho para poner notas o imágenes de todo cuanto pensemos que nos ayudará a mejorar como persona y a conseguir nuestros sueños. Por ejemplo, en el centro podemos poner (nuevamente) la imagen o *mapa mental* que creemos para el escritorio de nuestro ordenador. En el espacio restante podemos añadir notas con frases célebres que nos estimulen o mensajes personales que escribamos para nosotros mismos y que nos ayuden a crecer, a superar miedos, a avanzar, etc. Igualmente, podemos utilizar la función *notas* de *Windows* para escribirnos lo anterior. El escritorio de mi PC siempre está lleno de notas con mensajes personales. De vez en cuando me paro a releerlas y siempre hay algo que había olvidado.

9. *Despertador:* la mayoría de las personas solemos despertarnos con la alarma de nuestro teléfono móvil. ¿Por qué no sustituir el sonido de la alarma por una canción que nos estimule a levantarnos con ganas, con energía, con motivación?

10. *Pequeño bloc de notas (a modo de autorregistro):* para mí es imprescindible escribir cada noche las tareas que quiero hacer al día siguiente a la vez que compruebo las que he hecho en ese mismo día. Así soy mucho más productivo y no se me olvida hacer cosas que tengo que hacer. Si lo escribo, no tardo en hacerlo; si no, se me olvida o tardo mucho en llevarlo a cabo. En inglés es eso de "Out of sight, out of mind"; en español sería parecido a "Ojos que no ven, corazón que no siente". (Por eso cuando la santa de mi mujer quiere que haga algo, suelo decirle: "No me lo digas, ¡escríbelo!).

Es crucial que elabores tu lista y que después clasifiques las distintas tareas en grupos. Esto te ayudará a ver con mayor claridad en qué consiste tu día a día y dónde debes poner mayor esfuerzo (y quizá tiempo). Por ejemplo, en la pequeña libreta que utilizo, suelo establecer las siguientes categorías en cada página: *futuro*, *personal*, *otros*. En la categoría *futuro* escribo aquellas tareas que debo hacer a diario si quiero conseguir mis sueños (cada noche debo ser capaz de marcarlas como *hechas*). Llevando a cabo estas tareas sé que voy en la dirección adecuada. En la categoría *personal* escribo aquellas tareas que me entretienen, que me ayudan a despejarme y a disfrutar la vida. En el apartado *otros* incluyo el resto de tareas que debo llevar a cabo, pero que no importa si las hago hoy, mañana o al día siguiente. Cuando dejo de hacer algo que debía, anoto en la misma página qué hice en su lugar. Se trata de ver si estás haciendo lo adecuado para conseguir tus objetivos o no. Recuerda que lo que haces a diario es lo que construye tu futuro. Si sabes qué *semillas* estás regando diariamente, puedes predecir qué tipo de *fruto* obtendrás en el futuro.

11. *Estrategia "Si-entonces"*: consiste en tener un plan de acción preestablecido (o una respuesta específica a una determinada situación). También conocido por "plan de contingencia", se trata de decidir de antemano cómo proceder según se presente la situación. Por ejemplo, imagina que estás en un meeting en el trabajo. Un proyecto no ha salido bien y tú y tus compañeros comenzáis a culparos unos a otros. Como esto es algo que suele ocurrir, de antemano, podrías tener preparado lo siguiente: *"Si la discusión del proyecto nos lleva a culparnos unos a otros, entonces daré un paso atrás para ganar perspectiva y trataré de reconducir la situación"*.

12. *Comparmentalizar*: esta técnica se utiliza mucho en el mundo del deporte. Consiste en tener preparada una "caja mental" donde poner cualquier cosa que pueda preocuparnos, molestarnos o distraernos (de modo que consiga deteriorar nuestro rendimiento), a la que podamos volver una vez tengamos tiempo. Así, si algo nos distrae mientras estamos realizando una tarea importante, en lugar de dejarnos llevar por la distracción, lo que haremos es ponerla en nuestra "caja mental" y dejarlo para luego. Esto nos ayuda a retomar la concentración y centrarnos en lo que estemos haciendo. Por ejemplo, imagina que vas a una entrevista de trabajo donde hay varios entrevistadores haciéndote

preguntas (i.e. entrevista de panel) y, de repente, te das cuenta de que has cometido un error en una de tus respuestas. Entonces, en lugar de comenzar a darle vueltas a ese pensamiento, en plan, *"Hay que ver, qué respuesta más tonta he dado... seguro que ya no me dan el trabajo"*, dejando así de prestar atención a los entrevistadores (lo cual probablemente te hará cometer nuevos errores), lo que harías sería poner el error en tu caja mental y continuar tratando de hacerlo lo mejor posible, *sabiendo* que una vez salgas de la entrevista podrás acceder a tu caja mental y repasar el error que cometiste.

8.4 Mejórate a ti mismo: cambia

En la vida, cualquier cosa que queramos alcanzar requerirá esfuerzo y sacrificio. Además, necesitaremos buenas dosis de motivación, determinación, disciplina, perseverancia y, ¡cómo no!, de paciencia.

A lo largo del libro he tratado de transmitirte la idea de que puedes cambiar, de que puedes mejorarte a ti mismo. Si quieres conseguir tus sueños, un requisito indispensable es el *cambio*, por lo que he tratado de enseñarte cómo hacer para que cambiar te resulte más fácil.

Además, espero haberte animado lo suficiente para que trates de acrecentar tus virtudes y adquirir otras nuevas, a la vez que intentes desarrollar tus *zonas a mejorar*. Tan fácil es decir, "Es que yo soy así", como difícil es que llegues lejos en la vida sin cambiar y sin mejorarte a ti mismo. Te animo a que, con cariño, comprensión y ganas de mejorar, te observes, para tratar de identificar qué necesitas cambiar, qué puedes hacer para ser una persona más completa y así conseguir dar lo mejor de ti mismo.

Ten presente esas virtudes sobre las cuales siempre han hablado los sabios y trata de incorporarlas a tu repertorio personal: paciencia, determinación, coraje, perseverancia, disciplina. Cuantas más virtudes reúnas en ti mismo, más preparado estarás para tener éxito y disfrutar de esta maravillosa experiencia que llamamos vida.

¡Tus sueños te están esperando! ¡Sólo tienes que intentar conseguirlos!

Mientras tanto, no olvides las bonitas palabras de John Ruskin:

"La mayor recompensa al esfuerzo de un hombre no es lo que obtiene a cambio, sino la persona en la que se convierte".

¡Felicidades!

Has terminado de leer "Consigue tus sueños". Espero que hayas disfrutado leyendo este libro y que te haya servido de ayuda.

¡Déjanos tu opinión!

Tu opinión es <u>muy importante</u> tanto para el autor como para los posibles lectores. ¡No dudes en dejarnos tu reseña del libro y valorarlo en amazon.es!

Además, si piensas que puede serle útil a otras personas y te gustaría ayudar a difundir su mensaje, visita la página de Facebook "Consigue tus sueños", haz clic en "me gusta" y compártela con tus amigos.

En caso de que quieras contactar al autor, por favor, deja tu mensaje en la citada página de Facebook o, alternativamente, envía un email a:

antonio.galvan.author@gmail.com

amazon.es

Anexo

Para realizar los siguientes ejercicios de respiración convenientemente, es necesario que, tanto al aspirar como al espirar, no seamos capaces de escuchar nuestra respiración. Es decir, la inhalación y la exhalación deben ser suaves y graduales, a la vez que profundas. Siempre comenzaremos haciendo una profunda espiración. Y, siempre que sea posible, respiraremos por la nariz.

Ejercicio 1

Para realizar este ejercicio de respiración, debemos tomar el mismo tiempo tanto al inhalar como al exhalar y debemos hacer una pausa de un segundo de duración tanto al final de la inhalación como de la exhalación.

Una vez vaciemos nuestros pulmones, estos son los pasos a seguir:

1. Lentamente, inhalar mientras contamos (mentalmente) el tiempo que transcurre.
2. (Una vez completada la inhalación), aguantar la respiración por 1 segundo.
3. Lentamente, exhalar el aire teniendo en cuenta que tardemos el mismo tiempo que en la inhalación.
4. (Una vez completada la exhalación), aguantar la respiración por 1 segundo.

5.   Repetir los pasos del 1 al 4 hasta que nos relajemos, o hasta que nos resulte adecuado.

Ten en cuenta que cada ciclo de inhala-
ción/exhalación diferirá en el tiempo que nos lleve com-
pletarlo (e.g. unas veces completaremos dicho ciclo en 15
segundos, otras en 20, etc.). Lo importante es que, tanto
la inhalación como la exhalación duren lo mismo, por
más que difieran en duración de un ciclo al siguiente.

Por ejemplo, comenzaremos exhalando todo el aire.
Entonces, mientras inhalamos, iremos contando el tiempo transcurrido (e.g. cinco segundos). Al terminar, aguantaremos la respiración un segundo. Entonces, comenzaremos a exhalar el aire graduando la velocidad a la que lo
hacemos de modo que nuestra exhalación dure el mismo
tiempo que la exhalación (en este caso, cinco segundos).
Al terminar, aguantaremos la respiración nuevamente
durante un segundo y comenzaremos el ciclo inhala-
ción/pausa/exhalación/pausa de nuevo. Quizá, el siguiente ciclo del ejercicio nos lleve 16 segundos en lugar
de 12. No importa, lo que cuenta es que ajustemos la exhalación al tiempo que dure la inhalación. ¡Y no te olvides
de siempre aguantar la respiración durante 1 segundo
entre ambas fases del ejercicio!

Ejercicio 2

Este ejercicio es una variación del ejercicio 1. El procedimiento es el mismo, la única diferencia consiste en
que la exhalación durará siempre el doble de lo que haya

durado la inhalación. Repito, el ciclo inhalación/exhalación será distinto cada vez. En este caso, ajustaremos la exhalación para que dure el doble que la inhalación.

Ejemplo:

Una vez vaciemos nuestros pulmones, estos son los pasos a seguir:

1. Lentamente, inhalar mientras contamos (mentalmente) el tiempo que transcurre (por ejemplo, 8 segundos)
2. (Una vez completada la inhalación), aguantar la respiración por 1 segundo.
3. Lentamente, exhalar el aire teniendo en cuenta que tardemos el doble del tiempo que en la inhalación (en este caso, 16 segundos).
4. (Una vez completada la exhalación), mantenernos 1 segundo sin respirar.
5. Repetir los pasos del 1 al 4 hasta que nos relajemos, o hasta que nos resulte adecuado.

Ejercicio 3

De nuevo, una variación del ejercicio 1. La diferencia consiste en cómo vamos a llevar a cabo la inhalación/exhalación. Estos son los pasos a seguir:

Vacía tus pulmones y usando tu mano derecha:

1. Tapona tu orificio nasal derecho con el pulgar.
2. Inhala lentamente (por el orificio nasal izquierdo).

3. Aguanta la respiración por 1 segundo.

4. Bloquea tu orificio nasal izquierdo con el dedo índice a la vez que liberas tu orificio nasal derecho.

5. Exhala lentamente (por el orificio nasal derecho) hasta vaciar tus pulmones.

6. Haz una pausa de 1 segundo.

(A partir de aquí, se trata de continuar inhalando/exhalando, intercalando los orificios nasales que bloqueamos. Siempre se inhala por el mismo orificio nasal por el que se exhala). Siguiendo el ejemplo anterior, continuaríamos de esta forma:

7. Inhala por el orificio nasal derecho (mientras continúas bloqueando el izquierdo con tu dedo índice).

8. Una vez hayas llenado tus pulmones, aguanta la respiración por 1 segundo.

9. Bloquea tu orificio nasal derecho (con el pulgar) y exhala por el orificio nasal izquierdo.

(Ahora nos tocaría inhalar por el orificio nasal izquierdo y así sucesivamente).

Acerca del autor

Antonio Galvan nació en Barcelona en 1978. Estudió Psicología en la universidad de Málaga y obtuvo un máster en Psicología del Deporte en la universidad Brunel (Londres). Tras sus estudios, Antonio vivió en Ginebra, donde ejerció de coach personal. Además de España, Antonio ha vivido en Suiza, Gran Bretaña, Alemania y Estados Unidos. En la actualidad vive con su mujer en Londres y se dedica a escribir.

Made in the USA
Las Vegas, NV
29 May 2023

72698014R00157